JUAN ANTONIO GRANADOS

VIVE A CORAZÓN ABIERTO

COR AD COR
didaskalos

Imagen de portada: I. Gotia, Detalle del conjunto pictórico de la Capilla
del Stella Maris College, Madrid

Autor: © Juan Antonio Granados

Primera edición: diciembre 2024

Impreso en España. Printed in Spain
Depósito legal: M-27576-2024
ISBN: 978-84-19431-50-9

Maquetación: Juan Carlos Adame Alonso

Impresión y encuadernación:
  Editorial Didaskalos
  Valdesquí 16, Madrid 28023

Índice

Prólogo
segunda edición[1]

Este pequeño libro no merecería un "segundo vuelo", segunda edición, de no ser porque toca un gran tema, una gran cuestión: ¿a qué medida está llamada la vida humana? Es esta, tal vez, "la cuestión" de la grandeza de la vida, aquella por la que merece la pena volver a la carga una y otra vez al Corazón de Cristo, y en cuyo olvido (o reducción) se gesta la tragedia de una vida-no-vivida, la vida del "ignavo" de Dante, de aquellos que optaron por

---

[1] Este libro se editó anteriormente en el 2007 bajo el nombre *La devoción al Sagrado Corazón* en la editorial Palabra.

acomodarse en lo mediocre e hicieron de su vivir algo insípido.

Hablar de la medida de la vida, medida inconmensurable, abre a la cuestión sobre el misterio de Dios y el modo como transforma a cada persona. Dios Encarnado ha dado una medida nueva a la carne y se dispone a colmarla en aquellos que en Él se confíen. Cristo Jesús se dedica hoy por entero a habilitar el cuerpo de cada bautizado haciéndolo capaz de Dios y a colmarlo en un camino de amistad personal. Así permite decir al cristiano recostado en Él: ¡mi medida es un amor sin medida!, ¡mi peregrinar sucede a zancadas divinas! Querido lector: ¡Dios ha entrado en tu historia y conviene que estés a la altura de esa presencia transformante! El drama es que ya no caben terceras vías, equilibrios interesados, miedos que imponen la lógica de la no-elección. Ante el amor de Cristo que pasa no cabe pasar, es necesario optar, decidirse por Él. La Iglesia nos recuerda hoy: "Nos amó (*dilexit nos*)" (Rom 8, 37) y nos llamó amigos. El "Corazón abierto nos precede y espera sin condiciones"[2].

¿A qué abre el Corazón de Cristo? Abre a un triple sí: el sí del Padre a los hombres en Cristo; el sí

---

[2] Francisco, Dilexit Nos, 1.

del Hijo amado al Padre, uno por todos; el sí tuyo y mío para incorporarnos a Cristo en con todo el ser.

A Corazón abierto significa el sí del Padre revelado en Cristo. Un cartujo, al preguntarle sobre el vivir respondía en verso: "Amor adelante / solo un pecado: / las precauciones". El precavido o controlador es aquel que quiere dominar la vida y sus ritmos. Es aquel que mide todo desde un yo que se desliza por la pendiente del "para mí mismo" y, así, echa la vida a perder. San Ignacio lo llamaba "segundo binario": aquel que quería, pero a su modo y manera, en sus tiempos y con sus condiciones. Un modo elegante de echarse a perder olvidando la Providencia de Dios Padre que provee en todo para bien de los que le aman.

Amor adelante es el del Padre que marca la ruta de una creación que apunta siempre al fruto. El Padre da un sí sostenido, imponente y definitivo en el Hijo amado: "este es mi Hijo Amado, ¡escuchadlo!" (Mt 17, 15). El Corazón de Cristo revela el sí del Padre que sale a tu encuentro cada día: ¡amor adelante! El Padre vence tu círculo cerrado de la lógica del control para introducirte en la espesura - el misterio de la Cruz- de la lógica de la donación de la que todos venimos: soy amado luego existo. De esto tratan estas páginas: del misterio dichoso del vivir desde el "*Abbá*" que nos da su Amor sin medida. El don de ser amados "a Corazón abierto" por el Padre que nos abre a poder amar del mismo modo. El poeta lo decía así:

> Poner toda la carne
> a estas alturas
> -toda- en el asador
> es ya locura.
> Y el corazón
> sigue-late-pidiéndomelo:
> pon-pón, pon-pón...
>
> (E. García-Maiquez)

El amor no se cuenta, se pone en juego. En el amor se vive y así se le reconoce desde dentro. No es esta una cuestión teórica que se resuelva dando algo de luz a un misterio, el del amor de Dios Padre al hombre, el de la llamada a la divinización del hombre por la incorporación a Cristo Jesús.

A Corazón abierto nos descubre la respuesta del hombre Cristo Jesús al Padre, respuesta que vibra para siempre y permite el respiro a todas las cosas: "¡Sí, Padre, así te ha parecido mejor!" (Mt 11, 26). Cristo asiente al buen plan del Padre: salvar al hombre, descubrirle su vocación al amor, regenerar en el corazón sus potencialidades de donación, ¡para unir nuestros amores en un único querer! El Corazón abierto de Cristo Redentor nos permite entrar como protagonistas en el plan de Dios Padre. El "hagamos" al hombre a nuestra imagen y semejanza se vincula ahora, por el "hágase" de la Virgen en la Encarnación, con el "está hecho" de Cristo en cruz. Ahí, al pie de la cruz con la Madre de la Iglesia, se nos revela el inmenso amor del Padre. Un amor que te empuja hoy con corriente de agua y sangre a descansar en el Resucitado. El corazón de Cristo se ha quedado para siempre abierto, en forma de Sí, y quiere ahora resonar contigo para que, desde Él, todo diga que sí.

Pero a corazón abierto significa todavía algo más. Es una interpelación al cristiano: "abre tú costado- tus relaciones- para que mane en ellas Cristo Vivo". Contempla el Costado abierto y así podrás vivir a la altura de lo humano. Así nos lo expresa bellamente el P. José Granados cuyas poesías, manantial de luz, riegan este libro:

Por tu verdad te buscaba,

Señor, y por tu poder,

y por tu amor infinito

siete veces fiel, fiel, fiel.

Y allí estabas tú sin duda;
era yo quien no hacía pie.
Tanta bondad, tanta fuerza,
tanto brillo... ¡me cegué!

Hecho hombre me buscaste,
amor lo sabrá por qué.

Junto al Jordán una tarde:
"¿dónde moras?" "venid, ved";
llorándome como amigo:
"Lázaro, levántate";
con ojos que al mirar aman:
"deja todo, sígueme".

Me encontraste por tu cuerpo:
"tomad y comed de él".
Por tu Madre me encontraste
"este es tu hijo, mujer".

Y por la herida que mana
sangre y agua – Juan da fe –
para unir nuestros amores
en un único querer.

Junto al mío, humano, late
tu corazón fiel, fiel, fiel.

(José Granados)

"Me encontraste por tu cuerpo: tomad y comed de él". ¿Acaso no es este un verso para repetir en cada comunión? El Corazón abierto se abre paso en tu vida hoy- pascua eucarística- y te interpela en el "aquí" del rostro vecino: "tomad y comed esto es mi Cuerpo que se entrega por vosotros" (Mt 26, 26). En este misterio hemos de interpretar, aquí y ahora, nuestra vocación al amor. La eucaristía es fuerza de salvación, un ritmo cordial de entrega de Cristo a los hombres que quiere unificar la vida, darle su cadencia oblativa. Comulgar es entrar en el Corazón de Cristo, dejarse llevar por su fuerza salvadora que entra en la vida para unificarlo todo en Él. Si la aceleración tecno-emotivista es episódica y va de fragmento en fragmento la hondura eucarística es unitiva y va de corazón a corazón. No vivo para hacer cosas sino para entregarme a alguien. La vida no es resolver problemas, ni siquiera llevar el control de los asuntos. La vida es reconocer el misterio de un origen y un destino que piden donación, fidelidad creativa en la alianza con otros.

Sin precauciones nos ama Dios Padre y así el Costado Traspasado del Hijo sigue abierto respondiendo con su sangre a toda lanza que le hiera. Y, sin precauciones- con Él, a corazón abierto- queremos responder al Resucitado con todo nuestro ser.

Estos tres "síes", el del Padre en el Hijo, el del Hijo al Padre y el tuyo en unión con Cristo, resumen el sentido hondo del vivir humano. Asimilar estos "síes" exige del lector de estas páginas compaginar lectura y oración o, tal vez mejor, exige, para sacar provecho, leer orando u orar leyendo. Esta es la clave de lectura: cotejar todos los amores de tu vida- pon-pón...- con esta gran llamada al Amor que mana del Corazón abierto de Cristo- fiel-fiel-fiel.... Contempla el Costado abierto y así podrás vivir a la altura de lo humano.

La portada elegida para este libro es parte del conjunto pictórico de la capilla del Stella Maris College (Madrid), del artista P. Ioan Gotia. Al ver por primera vez esta escena quedé fascinado por el fuego que envuelve al Crucificado y ante el que no es posible quedarse indiferente. Ese fuego se une al agua que mana del Costado abierto. La polaridad, agua-fuego, se resuelve en la referencia al Corazón apasionado-fuente que sacia los deseos y enciende todo vínculo. El ardiente Crucificado, el Ungido, está flanqueado por tres manos: la del Padre, el que unge, la del Espíritu, la unción misma, y la mano de la Virgen María que atrae a todos a Él. ¿Cabe mejor expresión de lo que se pone en juego en ese Corazón abierto?; ¿cabe vivir a otra medida?

Juan Antonio Granados García

1.

Introducción

"Nuestro Dios no es un Dios lejano, intocable en su bien-aventuranza. Nuestro Dios tiene un corazón; más aún, tiene un corazón de carne. Y se hizo carne precisamente para poder sufrir con nosotros y estar con nosotros en nuestros sufrimien-tos. Se hizo hombre para darnos un corazón de carne y para despertar en nosotros el amor a los que sufren, a los necesita-dos" (Benedicto XVI, 6-IV-2007).

Este libro que tienes en tus manos es delicado. No lo puedes tratar de cualquier modo porque habla de una historia personal de amor, lo cual requiere res-peto y sintonía. Si lo has abierto, tal vez movido por la curiosidad de ojear (que viene de "poner los ojos", no de "pasar las hojas", que sería hojear), te aconsejo que no lo cierres y te atrevas a dejarte seducir por él. Porque Aquel de quien hablan estas líneas tiene mucho que ofrecer y muchos deseos de atraer, de llamar a compartir su intimidad. Has acabado este primer párrafo y puedes decir: he sido citado a conocer un poco mejor el Corazón de Cristo. No faltes a la cita; ten ánimo, sé valiente.

Y surge entonces tu primera cuestión: "La devoción al Corazón de Jesús, pero... ¿qué es eso?" Lo irás descubriendo. Hará falta que te impliques, que te acerques dispuesto a dejarte sorprender y a dejarte transformar, con paciencia para no acelerarte y con esperanza para no desfallecer en el camino. "Quiero hablar -digo con Juan Pablo II- de este misterio tan humano, el Corazón de Jesús, en el que con tanta sencillez y, a la vez, profundidad y fuerza se ha revelado Dios con sus deseos de unirse al hombre"[3].

Valga un anticipo. La devoción al Corazón de Jesús es un modo de concebir la vida cristiana desde un trato de amistad con Dios. El corazón humano de Jesucristo, Dios con nosotros es su núcleo más ínti-

---

[3] SAN JUAN PABLO II, Audiencia general 20-VI-1979.

mo, el lugar de su deseos más profundos. "La plenitud de Dios se nos revela y se nos da en el Corazón de Cristo"[4].

Además de descubrirse Él, nos descubre a cada uno pidiéndonos implicación: "Al recomendar la devoción a ese Sagrado Corazón, estamos recomendando que debemos dirigirnos íntegramente –con todo lo que somos: nuestra alma, nuestras palabras y nuestras acciones, nuestros trabajos y nuestras alegrías a todo Jesús"[5]. ¡Todo lo auténticamente humano tiene aquí su respuesta.

En este descubrimiento recíproco se hace posible un camino de amistad y de crecimiento desde la verdad de cada uno; un espacio en el que el amor humano se comprende en plenitud en el horizonte del amor divino que da sentido a todo. Tatiana Goricheva, mujer rusa conversa al cristianismo, narraba así su experiencia: "Si alguien me pregunta qué significa para mí el retorno a Dios, qué es lo que esa conversión me ha hecho patente y cómo ha cambiado mi vida, puedo contestarle con toda sencillez y brevedad: lo significa todo. Todo ha cambiado en mí y a mi alrededor. y, para decirlo con mayor precisión:

---

[4] SAN JOSEMARÍA ESCRIVÁ, *Es Cristo que pasa*, 163.
[5] SAN JOSEMARÍA ESCRIVÁ, *Es Cristo que pasa*, 164.

mi vida empezó solo después de haber encontrado a Dios". Tocar el corazón es tocarlo todo, es cambiar la visión de la vida y cada relación concreta.

Pero hay más. El misterio del Corazón de Jesús se celebra, genera un culto especial: el culto del Corazón de Jesús. Es una forma concreta de ahondar en ese Corazón que tanto ha amado a los hombres para "renovar y celebrar esa amistad": palabras y gestos que buscan engendrar un modo concreto de vivir, un estilo de vida más profundamente cristiano, comprendiendo la grandeza de la vida desde la grandeza de Jesucristo.

Te advierto una cosa. Aquí no hallarás solo "información", sino una invitación a la vida: "el encuentro con el Dios que nos ha mostrado su rostro en Cristo, y que ha abierto su Corazón, es para nosotros no solo informativo, sino también performativo"[6], es decir, que transforma nuestra vida hasta hacernos sentir redimidos por la esperanza que dicho encuentro expresa. Puedes redescubrir el sentido de tu vivir, tu peso específico: "Junto al Corazón de Cristo, el corazón del hombre aprende a conocer el sentido verdadero y único de su vida y su destino, a comprender

---

⁶ BENEDICTO XVI, *Spe Salvi*, 4.

el valor de una vida auténticamente cristiana, a guardarse de ciertas perversiones, a unir el amor filial a Dios con el amor al prójimo"[7].

Tal vez te digas: "¡Llevo años de vida cristiana sin necesitar de esta devoción!". Te aconsejo que renueves el espíritu de discípulo siempre aprendiz y te recordaré unas palabras para que las guardes bien: "Se puede ser cristiano sin haber oído nunca una palabra humana sobre el Corazón de Jesús, pero no se puede ser cristiano sin pasar constantemente, impulsados por el Espíritu Santo, por la humanidad de Cristo y su centro unificador que llamamos Corazón"[8].

Valga este anticipo para comprender que esto es cosa seria y no "cosa de viejecillas" o de "gente extraña". Ojalá concluyas al final de estas páginas que "este viaje mereció estas alforjas", el esfuerzo de fidelidad por ahondar en el misterio del corazón de Jesús que es el misterio de nuestra vida.

---

[7] SAN JUAN PABLO II, Audiencia del 5-X-1986

[8] K. RAHNER, Las devociones al "Sagrado Corazón", Catania 1977, 44.

2

La estrategia:
retomar el pulso

En las entrañas de este libro late una batalla. Es un libro escrito "a mano armada". Busca entrar en un Corazón, el Corazón de Jesús, y esto solo puede hacerse poniendo el propio corazón en juego. ¿Cómo? Es célebre la "lágrima de Fleming": este doctor estaba analizando un cultivo de bacterias, cuando derramó accidentalmente una lágrima, fruto del trabajo y del empeño, sobre el plato que lo contenía. Al día siguiente descubrió que donde había caído la lágrima había un hueco. Había descubierto sin querer la lisozima, un antibiótico que mataba bacterias, pero no a los glóbulos blancos.

Se trata de dar vueltas y hacerse preguntas con empeño para después dejarse sorprender por la "lágrima" casual que Dios disponga. Dando vueltas a cada cosa para gustar internamente (¡hacerse preguntas!), aplicando a la vida concreta cada idea. Esto es como la música, ha de oírse repetidamente para aprender a gustarla en sus detalles. Afina el oído, entonces, y lee entre líneas la llamada al conocimiento interno de Jesucristo, que, en su corazón humano, nos enseña el camino cotidiano de la excelencia del amor.

La estructura que encontrarás en los capítulos de este libro intentará animar esta idea: una estrategia, comprender el sentido de las cosas y del corazón del hombre desde el Corazón de Jesús para aprender a esperar; la batalla de todo creyente: el pecado y la misericordia, la fe viva y la fe muerta; y una victoria final para vivir como vencedores, ¡vivir en el Corazón de Cristo es vivir un nuevo modo de amar! Las tres virtudes teologales (fe, esperanza y caridad) nos señalarán el camino del Corazón de Jesús.

Punto clave de partida: "Aprended de mí"

> *"Si no aprendemos de Jesús, no amaremos nunca" (San Josemaría Escrivá).*

Lo esencial de la devoción del Corazón de Jesús es comprender el corazón como lugar del amor, de la vulnerabilidad de la persona y de nuestra respuesta apasionada. Veremos en estas páginas que, gracias al corazón, estamos abiertos a los demás y les encontramos cada día, rompiendo el cerco del egoísmo. El corazón es el lugar de todo encuentro, es el lugar donde Dios nos toca, con su amor primero y nos invita a entregarnos a Él.

"Mi corazón está apasionado de amor"

Dios dice a santa Margarita María en la propuesta de esta devoción: "Mi corazón está apasionado de aman". ¡Son palabras nuevas, totalmente actuales para el hombre de hoy y, a la vez, referidas al corazón de un Dios eterno, que vibra desde siempre! La palabra "apasionado", se dirige a todo el mundo interior de los afectos, un mundo por el que el hombre se hace vulnerable al encuentro y que le permite, a su vez, entregarse con fuerza a las tareas de la vida.

Lo propio del corazón de Jesús es devolver importancia a este mundo de la afectividad. La palabra "apasionado", señala una verdad esencial del cristianismo: la Encarnación. Dios nos ha amado con un corazón vulnerable, un corazón humano en el que se responde al pecado del hombre. "Apasionado" es el

Corazón que pide al discípulo que meta el dedo en la llaga, que vea y toque el signo del amor extremo de Dios por cada uno: el Costado abierto por la lanza es ahora fuente de perdón y de vida para ti.

Dios está apasionado de amor por el hombre y sus asuntos, le entristece el pecado y le alegra el arrepentimiento. Por ello, entrar en su Corazón de Hijo no significa olvidarse del mundo ni de las cosas que allí pasan: ¡desde esa interioridad, el cristiano puede entonces amar a los hombres y al mundo apasionadamente sin, por ello, alejarse de Dios! Cuanto más se acerque a Dios, más pasión verdadera pondrá en todo cuanto hace: la misma pasión que Dios tiene por el mundo, al que amó hasta el extremo.

¿Existe una crisis de la devoción al Sagrado Corazón? Sí, en el corazón del hombre

El grito apasionado del Corazón de Jesús tiene hoy un sentido especial. Significa que la respuesta al drama de nuestro tiempo, a las atrocidades y miserias del ser humano, está en el recuerdo actual de una promesa: estamos hechos para el amor. "Hemos conocido el amor que Dios nos tiene y hemos creído en él. Dios es amor" (1 Jn 4, 16). Esta es la piedra angular de la devoción al Corazón de Jesús: que Dios

nos ama ahora con corazón humano y que nos quiere hacer partícipes de su modo de amar.

Los últimos Papas han hablado de la importancia de esta devoción con documentos importantes. A
pesar de todo, hay que reconocer que hoy mucha gente no acaba de entrar por esta devoción al Corazón de
Cristo. La encuentran de alguna manera como algo
pasado para ellos, algo demasiado frío, devociones
de "viejillas santas".

No te sorprendas si te digo que la devoción al
Corazón de Cristo no consiste, esencial y principal-
mente, en algunas prácticas devotas, aun cuando
sean buenas y, en su grado, necesarias: algunas nove-
nas, algunos actos de consagración o de reparación,
la veneración de imágenes... Estos son elementos que
pueden ayudar, pero no son la esencia. A veces se
puede caer en "ese sentimentalismo ineficaz, ayuno
de doctrina, con empacho de pietismo"[9]. Te digo que
"tampoco a mí me gustan las imágenes relamidas,
esas figuras del Sagrado Corazón que no pueden ins-
pirar devoción ninguna, a personas con sentido común y con sentido sobrenatural de cristiano"[10].

---

[9] San Josemaría Escrivá, *Es Cristo que pasa*, 163.
[10] San Josemaría Escrivá, *Es Cristo que pasa*, 163.

Además, si consistiera en esto, no se podría llamar como la llama Pío XII: "la quintaesencia del
cristianismo" y la forma más perfecta de vivida. La
devoción al Corazón de Jesús, más que todos esos
elementos sueltos, es un modo de concebir la vida
cristiana. He aquí la sustancia de esta devoción que
conlleva unas prácticas, expresión del auténtico culto[11].

Pero ¿por qué se ha difuminado esta devoción?
Con la evolución de los tiempos, la figura de Cristo
se hace cada vez más grande, más elevada, más dis-
tante que uno se forma una idea tan alta de Él, que,
a fuerza de subir, parece totalmente inasequible. Es
ya como un Alguien que pide cuentas del pecado y
a quien parece que no tocan ninguna de las cosas de
este mundo, ¡nada le afecta ya, pues vive en la gloria
del Padre!

Cristo se toma entonces como un mero "modelo lejano". Le imitamos desde la distancia. Se llega a
cuestionar el mérito de la acción y el pecado mismo,
¿puede la acción transitoria de un hombre interesar
al Señor?

---

[11] La encíclica *Hauretis Aquas* de Pío XII es una referencia
clave sobre el Corazón de Jesús: fundamenta, recomienda y
defiende con lucidez este culto (HA, 3).

Pues bien; en medio de esto, el Corazón de Cristo se muestra a la humanidad para decimos: "Pero mira, ¡si Yo tengo un corazón!; no me trates como una persona sin corazón. Yo lo tengo. ¿Por qué me tratas así, si tengo un corazón?". Eso es, en el fondo, el sentido de la devoción al Corazón de Cristo. En vez de un Cristo abstracto, es Él mismo que se presenta y me muestra la realidad de su ser humano-divino, de un corazón que late. La devoción al Corazón de Cristo no es un conjunto de elementos objetivos determinables, sino algo que interesa a la persona misma y le da una visión de toda la realidad humana.

¿De dónde arranca, entonces, en último término, esta crisis? Todo arranca de una crisis del corazón del hombre. "Si hay crisis, se trata de crisis en el corazón de los hombres, que no aciertan —por miopía, por egoísmo, por estrechez de miras— a vislumbrar el insondable amor de Cristo Señor Nuestro"[12].

El símbolo del corazón asociado al "yo" tan presente en todas partes, ¡símbolo de nuestros tiempos!, expresa con fuerza la devaluación del corazón: sus deseos más profundos quedan anegados por un sinfín de cosas superficiales y experiencias variopintas

---

[12] SAN JOSEMARÍA ESCRIVÁ, *Es Cristo que pasa*, 163.

engendrando nostalgia e insatisfacción; la persona se va alejando de sí misma perdiendo, poco a poco, las cuestiones esenciales, la referencia del "tú" y, finalmente, el sentido de la propia vida.

Recuperar el corazón, expresión de la persona misma en su núcleo, para retomar el horizonte de sentido y comprender la acción de Cristo: este será nuestro plan.

El plan: el hombre en busca de sentido

"¡Si los hombres de hoy, y especialmente los cristianos, llegasen a descubrir de nuevo las maravillas que se pueden conocer y gozar en la celda interior, y más aún en el Corazón de Cristo! ¡Entonces, sí, el hombre volvería a encontrarse a sí mismo, las razones de su dignidad, el fundamento de cada uno de sus valores, la altura de su vocación eterna!" (San Juan Pablo II, 29-IV-1980).

¿Qué es el hombre? Hay pseudo-filósofos que lo proclaman producto acabado de la evolución; otros lo entienden como alma espiritual, prisionera en el cuerpo, que lucha por abandonar la tierra y ascender hasta el cielo.

¿Podría escogerse alguna palabra, algún término clave, que nos permitiera acceder al núcleo de la existencia humana? Desde la perspectiva cristiana

podemos decir: el hombre es aquel que tiene corazón; el corazón expresa aquello que es lo propiamente humano. Tratemos de entender qué se quiere decir
con esto porque nos jugamos mucho: de la concepción que se tenga acerca del corazón del hombre se
pasará, lógicamente, a la concepción de Aquel que,
siendo verdadero Dios, se hizo hombre semejante en
todo a sus hermanos, menos en el pecado.

El corazón, manantial que empapa lo concreto y sacia los ideales

"Tener un corazón capaz de amar, un corazón que puede conocer la ansiedad y el sufrimiento, que puede afligirse, conocer, es la característica más específica de la naturaleza humana. El corazón es la esfera más tierna, más secreta de la persona" (Dietrich Von Hildebrand).

El escritor Eugenio Blasco, poeta español del siglo XIX, nos describe en uno de sus poemas lo que
sucedió en una clase donde los estudiantes de medicina aprenden lo que es el corazón:

Explicando una tarde anatomía
un sabio profesor
del corazón a sus alumnos daba
perfecta descripción.

Sucede entonces algo imprevisto. El catedrático olvida el curso de sus explicaciones y expone en público su pena íntima. El corazón, veremos, es algo más que un órgano vital:

> Anonadado por sus propias penas,
> la cátedra olvidó;
> -Dicen, señores, exclamaba pálido,
> que nadie consiguió
> vivir sin esa víscera preciosa
> - ¡Error, extraño error! -
> Hay un ser en mi ser, una hija mía,
> que ayer me abandonó;
> - ¡Las hijas que abandonan a sus padres
> no tienen corazón!

De la detallada descripción anatómica, en que todo es medido según técnicas y movimientos precisos, se ha pasado a otro ámbito de la vida, también designado como "corazón". El profesor ya no es un científico de bata blanca, sino el hombre de carne y hueso que vive, goza y sufre en las aulas y fuera de ellas. El corazón designa ahora también lo más profundo del hombre, el centro donde se juega su vida. Lo hace precisamente refiriéndose al ámbito de las relaciones personales. Por el corazón se une el padre con su hija, no tiene corazón quien abandona el hogar paterno, dice nuestro hombre entristecido. No tener corazón es romper esa alianza secreta donde la persona nace y vive, el vínculo con el hogar familiar. Se nos dice así que el corazón humano, lo más profundo que tenemos, no pertenece a nosotros mismos.

El profesor, sin embargo, se equivoca, como nos aclara el final sorprendente de la historia:

> Un estudiante que del aula oscura
>
> se oculta en un rincón,
>
> mientras los otros, asombrados oyen
>
> tan público dolor,
>
> sonriendo a un amigo y compañero
>
> le dijo a media voz:
>
> - ¡Piensa que a su hija el corazón le falta ...
>
> y es que lo tengo yo!

Se da así una respuesta imprevista al lamento del profesor: nadie, absolutamente nadie, puede vivir sin corazón. Lo que ocurre a su hija no es una falta de corazón, ¡no! Sino que su corazón pertenece a otro, al estudiante, calavera que ahora la posee y que la ha hecho abandonar su casa. El corazón, de nuevo, indica que lo más profundo de nuestro ser se juega en una relación de amor. Por eso pertenece al centro de la definición cristiana del hombre.

La historia, además de desvelarnos el misterio de nuestra persona como amor, nos suscita preguntas. El corazón se muestra también como un lugar de ambigüedad y de engaño. ¿Cómo cuidar el corazón para que nuestra vida no se base en abandonos y negaciones, sino sea construcción de felicidad?

Para responder hemos de seguir reflexionando. Hay dos aspectos significados por el término corazón que parecen contradictorios y, sin embargo, nos acercan a su misterio. El corazón es, por una parte, aquello más profundo, que decide quiénes somos y quiénes queremos ser; en el corazón está escrito nuestro nombre. Llegar al corazón de un asunto es llegar a su centro, es entender su esencia. El corazón es aquello que, sin verse a primera vista, es, sin embargo, el meollo de la vida.

Por otro lado, el corazón significa lo que salta a la vista, lo que se deja ver. El corazón, en efecto, no puede estar oculto. Tener corazón significa dejarse conmover por cuanto pasa a nuestro alrededor. Significa que nos afectan las cosas que nos pasan y las personas a las que vemos sufrir y gozar, que mostramos compasión y nos sabemos alegrar con otros.

Decir que el hombre tiene corazón significa, por tanto, que lo profundo de su vida ocurre precisamente a flor de piel, se hace manifiesto en medio del mundo sin perder por eso su insondable profundidad. Corazón significa que todo lo que nos sucede en el día a día cotidiano, en nuestros roces con familia y amigos, tiene profundidad sin medida. Que nuestras penas y alegrías, nuestras esperanzas y temores, vienen siempre de lo profundo y conducen a lo profundo de nuestro ser. Juan Pablo II hablaba, a este respecto, del corazón como lugar donde se descubre que el cuerpo humano tiene un sentido, que expresa a la persona, que deja ver el misterio de quiénes somos.

"Es precisamente esto lo que tenemos en la mente cuando hablamos del corazón: todo nuestro ser (Sal 102, 1), todo lo que hay dentro de cada uno de nosotros. Todo lo que nos construye desde dentro, en lo hondo de nuestro ser. Todo lo que constituye nuestra humanidad entera, toda nuestra persona en su dimensión espiritual y física. Todo lo que se expresa como persona única e irrepetible en su yo íntimo y, al mismo tiempo, en su trascendencia"[13].

---

[13] SAN JUAN PABLO II, discurso en Vancouver de 1984.

Lo que queremos decir se entiende mejor con una imagen asociada con frecuencia al corazón: el corazón es como un manantial, Pertenece a la esencia del manantial de montaña el que sea profundo, que llegue hasta veneros escondidos en la roca sin fondo. El manantial nos habla de la hondura de la sierra y de la pureza de sus abismos. Por otro lado, el manantial ha de salir a la superficie, no puede quedarse escondido en acuíferos subterráneos. Así, el agua combina lo puro de las profundidades con la riqueza de los minerales de la roca, que arrastra en su viaje a la superficie. Esta agua ahora puede darse a beber a los hombres, es agua mineral que retiene nuestro cuerpo y sacia nuestra sed.

El corazón se refiere a la persona entera en su crecimiento, en su experiencia de amor. Por ello es sinónimo de camino que abre a la verdad y a la vida. Recorrer los caminos requiere un sentido que colme la medida de cada paso e integre la suma de los pasos en la esperanza de la meta. Es el corazón el camino de cada hombre en el que se encuentran lo concreto de cada día y los ideales más altos, lo más interior de la persona y la persona misma de Dios hecho amigo íntimo.

Las "drogas" del corazón

"Cada persona siente el deseo de amar y de ser amada. Sin embargo, ¡qué difícil es amar, cuántos errores y fracasos hay

que registrar en el amor! Hay quien incluso llega a dudar si el
amor es posible. Pero, si carencias afectivas o desilusiones sen-
timentales pueden hacemos pensar que amar sea una utopía,
un sueño inalcanzable, ¿hay que resignarse? ¡No!" (Benedicto
XVI, JMJ 2007).

"¿Quiere usted suicidarse?" Solía preguntar siempre el Dr. Frankl a su paciente desesperado al comenzar la sesión para descubrir la profundidad de su herida y buscar el sentido de la vida. Y tantas veces encontraba por respuesta los amores del corazón: "Tengo un hijo, tengo fe, tengo ...".

Otras veces, ante la falta de respuesta, se consuma el mortal deseo. Así narra Tatiana Goricheva el caso de una amiga: "En mi adolescencia tuve una amiga que se quitó la vida a los quince años, porque no pudo soportar todo lo que la rodeaba. Al morir dejó escrita una nota que decía: 'Soy una persona muy mala', cuando en realidad era una criatura de corazón extraordinariamente puro, que no podía tolerar la mentira y que no pudo mentirse a sí misma. Aquella muchacha se quitó la vida porque descubrió que no vivía como hubiera debido, y porque de alguna manera había que romper el vacío que a una le rodeaba y encontrar la luz. Pero ella no encontró ese camino".

De Tatiana y del Dr. Frankl sacamos una con-
clusión común: el deseo más profundo del corazón
del hombre es el deseo de ser amado, valorado, apre-
ciado. La vida vale lo que valen nuestros amores.

Pero, he aquí el drama: si este deseo no se comprende bien como movimiento a una comunión de
amor a la que estoy llamado, se buscará satisfacer de
cualquier modo. Podemos sucumbir a ciertas drogas
que nos impidan ahondar en nuestro auténtico ser
identificando amor con cualquier sentimiento.

"Vosotros valéis lo que vale vuestro corazón. Toda la
historia de la humanidad es la historia de la necesidad
de amar y de ser amado. Este fin de siglo -sobre todo
en las regiones de evolución social acelerada- hace más
difícil el brote de una sana afectividad ... A juzgar por
cierto tipo de publicidad, nuestra época parece incluso
que es víctima de lo que pudiera llamarse una droga del
corazón"[14].

¿En qué consisten esas drogas? Son las formas
del amor propio, modos de buscarse a sí mismo aho-
gando el deseo de entrega. Porque la fuerza del "yo"

---

[14] San Juan Pablo II, Viaje apostólico a Francia: Mensaje a los jóvenes franceses (1 de junio de 1980).

es inmensa y, cuando se tuerce sobre sí mismo, anula toda capacidad para salir de uno mismo. En el bazar de nuestro mundo, en los grandes foros de encuentro (televisión, Internet...) nos encontramos con "ofertas de amor", mercadeo de placeres, en los que se comercia con el amor a bajo precio. Aparece también un "turbio espiritualismo" (horóscopos, supersticiones...) que busca saciar deseos insatisfechos del corazón con una religión "a mi medida" que busca huir de la vida y sus problemas y no llena porque, huyendo del compromiso, no responde a los deseos profundos del corazón.

Pero si el corazón no tiene peso ni norte determinado, entonces vagará de un lado para otro sin iniciativa propia. Esclavo de sí mismo, justificará bajo capa del destino irremediable los más horrendos crímenes: lo hice por amor. "Eres el esclavo de los esclavos" le decía Diógenes el filósofo a Alejandro Magno. "¿Yo, el rey más poderoso, hijo del gran Filipo, dueño de media tierra?". "Sí, tu corazón es prisionero y esclavo de tus pasiones", sentenció el filósofo.

Cuando aquella joven se dirigió al Papa emocionada tras superar heroicamente una tremenda anorexia, exclamó: "Santo Padre, tenía gran miedo a no ser aceptada, a no dar la talla.... ¡solo quería ser amada!". Esa chica expuso con claridad y crudeza la cuestión decisiva de toda persona: la cuestión del amor no es algo a satisfacer o a controlar. Se presenta como una promesa que me precede y me implica.

Las pulsiones del amor: el deseo responde a la promesa

> "El amor es posible y quiero contribuir a revivir en cada uno de vosotros, que oís el futuro y la esperanza de la humanidad, la fe en el amor verdadero, fiel y fuerte; un amor que genera paz y alegría; un amor que une a las personas, haciéndolas sentirse libres en el mutuo respeto" (Benedicto XVI, JMJ 2007).

El agua del manantial es agua recibida, agua del deshielo de la montaña, agua de las nieves del invierno, agua que viene del cielo. El corazón como manantial, nos dice que el centro de nuestra persona está en otro, precisamente porque estamos llamados a amar y a ser amados.

El amor nace como una atracción irresistible, como un impacto, que produce la fascinación. El amor de atracción (*eros*) abre el corazón y lo pone en camino hacia el amor de entrega desinteresada (*ágape*). Es un amor que no nace del pensamiento y de la voluntad como una elección, sino que, en cierto sentido, se impone al ser humano[15]: es algo que sucede, que golpea y trastoca fascinando todo el sistema afectivo humano, abriéndole una puerta hacia la plenitud y mostrándole su camino hacia ella. El amor nacido así se despierta ante la realidad del otro descubierta en el encuentro corporal y concreto.

Ante esta experiencia de amor que empapa toda relación de amistad y toda acción del amante, se abre al corazón una promesa de felicidad que parece irresistible[16]. Una promesa de algo infinito, eterno, que integra y supera nuestra experiencia cotidiana y nos lleva más allá de nosotros mismos - ¡arrebato, locura divina! - prevaleciendo sobre la razón calculadora y técnica, y arrancándonos de la monotonía y limitación de nuestra estrecha mirada. Esta experiencia de amor primero estremece el corazón al descubrirle embargado por una potencia divina, una fuerza que todo lo vence y a la cual nos rendimos del todo[17].

No partimos, por tanto, de un mero deseo. Partimos de una promesa fundada en la experiencia de un amor primero que nos lanza a la sorpresa de la vida: en el momento del primer llanto, el corazón cuenta

---

[15] BENEDICTO XVI, *Deus Caritas Est*, 3.
[16] BENEDICTO XVI, *Deus Caritas Est*, 2.
[17] BENEDICTO XVI, *Deus Caritas Est*, 4-5.

ya con una historia de amores y luchas que le prece-
den, que le acompañan, que le sostienen. Ese primer
llanto es ya la correspondencia a un amor primero, el
amor de Dios sobre cada uno: "Vosotros sabéis dónde encontrar la fuente para sacar las energías necesarias para este camino nada fácil: está en el Corazón
de Aquel que es «el alfa y la omega, el principio y el
último, el principio y el fin de vuestra historia» (Ap
22, 13). De Él se ha dicho que ofrece a cada uno gra-
tis el agua de la vida" [18].

La historia del Corazón de Cristo: la gran promesa

"Y os daré un corazón nuevo, infundiré en vosotros un es-
píritu nuevo, quitaré de vuestra carne el corazón de piedra y os
daré un corazón de carne" (Ez 36, 26).

Del célebre matemático John van Neumann,
gran genio distraído, se cuenta que cierto día un
alumno le abordó por un pasillo para pedirle ayuda
con un problema. "Estoy teniendo problemas con
esta integral", dijo el estudiante. Neumann echó un
vistazo: "Hijo, el resultado es dos pi elevado a cinco". Replicó el muchacho: "Profesor, lo que quiero
es saber cómo se llega ahí". "Está bien, déjame verlo

---

[18] San Juan Pablo II, audiencia del 18-V-1980.

otra vez", le respondió Neumann. Y después de una pausa: "Hijo, el resultado es dos pi elevado a cinco". Otra vez respondió el chico: "Eso ya lo sé, señor, mi problema es cómo llegar allí". Y Neumann: "Pero qué más quieres, muchacho, ¡te he resuelto el problema por dos métodos diferentes".

Compartir el conocimiento es mucho más que dar los resultados. Significa elevar al discípulo para que participe de la mente del maestro. Así obra Dios: no nos transporta a la meta de forma mágica, sino que nos enseña el camino para que nosotros lo recorramos. Jesús es el Camino, un Camino que comienza en la tierra y alcanza el cielo. Es una invitación hecha carne, un seguimiento cordial en que han de implicarse todas las fuerzas de la persona en su presente, pasado y futuro.

El culto del Corazón de Jesús es camino que abre al conocimiento de Alguien que ha entrado en nuestra historia y nos ha liberado dando un sentido nuevo a todos y cada uno de nuestros actos. Cristo es en hermosas palabras de Santo Tomás: "máximo sabio y amigo"[19]. Como sabio nos descubre a Dios origen de toda Bondad, fuente incesante de amor; como

---

[19] Cf. Santo Tomás de Aquino, *Suma Teológica*, q.108, a.4.

amigo nos comunica su conocimiento del Padre y se convierte en Camino para tender a Él introduciéndonos, por la acción del Espíritu Santo, en el dinamismo de su obrar. Esto conlleva la posibilidad de ordenar desde dentro toda nuestra actividad, trabajo y familia, deporte y ocio, iluminando todo desde la luz que nace del amor de Cristo para comprender cada momento como una posibilidad de crecer en nuestra amistad con Él[20].

Veremos, en esta breve historia, la actualidad de este culto. Lo esencial de la devoción del Corazón de Jesús, aquello que descubrimos como idea transversal en su historia, es comprender que Cristo me ama ahora reclamando correspondencia; que Él goza y sufre ahora suplicando nuestra unión de amistad.

La Antigua Alianza: a Dios le importa el corazón del hombre[21]

El valor de la metáfora del Corazón de Jesús como camino no está en el drama de una elección tras otra como si la vida fuera un mero elegir cami-

---

[20] Cf. L. MELINA - J. NORIEGA - J. J. PÉREZ-SOBA, *La plenitud del obrar cristiano*, Madrid 2001, 181-182.

[21] Cf. L. SÁNCHEZ NAVARRO, *Acercarse a la palabra*, Madrid, 2019.

nos buenos o malos. Para el cristiano, solo hay una elección que es personal y ha de ser renovada: Jesucristo. Esta elección se hace camino e ilumina y da sentido a todas las demás pequeñas elecciones.

En el fondo, nuestra elección es la respuesta a una llamada. Todo arranca de la acción de Dios en la historia de Israel cuando rompe la esclavitud y abre un camino de libertad. Dios es fiel y hace Alianza con el hombre abriéndole un camino nuevo que se dirige al corazón de cada uno.

Ya cuando eligió a David, el más pequeño de los hijos de Jesé, se afirma: "La mirada de Dios no es como la mirada del hombre, pues el hombre mira las apariencias, pero el Señor mira el corazón" (1 S 16,7). A Dios le preocupa profundamente la bondad del corazón de los hombres; él nos creó buenos, nosotros -por nuestro pecado- nos hicimos malos. Así quedó deformada, irreconocible, su imagen en nosotros.

Pero a Dios le importa el corazón. Él mismo tiene un "corazón" bueno, que se complace en manifestar; recordamos, por ejemplo, aquella revelación de Dios a Moisés: "Señor, Señor, Dios misericordioso y clemente, tardo a la cólera y rico en amor y fidelidad" (Ex 34,6). Es precisamente ese corazón lo que hace de este Dios trascendente un ser increíblemente cercano, hasta el punto de que Moisés, el gran amigo de Dio, dirá: "¿Hay alguna nación tan grande que tenga los dioses tan cerca como lo está el Señor nuestro Dios siempre que lo invocamos?" (Dt 4,7).

Y como él tiene un corazón bueno, y eso lo hace tan íntimo a cada uno de nosotros, por eso se preocupa de nuestro corazón. Quiere que esté lleno de amor: "Amarás al Señor tu Dios con todo tu corazón, con toda tu alma y con toda tu fuerza" (Dt 6,5); "amarás a tu prójimo como a ti mismo" (Lv 19,18). Dios muestra un verdadero camino al hombre, ante la dilatación temporal que implica el cumplimiento de las promesas, muestra su fidelidad a la palabra dada, se hace compañero de camino, camino que consiste en acoger, haciéndola. suya, la voluntad salvífica de Dios.

Sin embargo, ¡qué gran decepción! Su pueblo, el que él había amado y elegido, abandonó repetidamente la Alianza y se confió a ídolos inertes, que no podían escuchar ni hablar porque "no hay aliento en sus bocas" (Sal 135,17). Son "diosecillos" impotentes, no tienen corazón; pese a parecer tan cercanos que se los puede tocar, están muy lejos porque están vacíos. ¡Qué gran necedad! "Doble mal ha hecho mi pueblo: a mí me dejaron, manantial de aguas vivas, para hacerse cisternas, cisternas agrietadas, que el agua no retienen" (Jr 2, 13). Se resquebraja la piedra de la Alianza. Se pierde el agua de la vida.

Pero esto no mueve al Señor a revocar, decepcionado, su Alianza; al contrario, en un movimiento de amor hace una inaudita promesa que manifiesta hasta qué punto le importa el corazón: "Os rociaré con agua pura y quedaréis purificados; de todas vuestras impurezas y de todas vuestras basuras os purificaré. Y os daré un corazón nuevo, infundiré en vosotros un espíritu nuevo, quitaré de vuestra carne el corazón de piedra y os daré un corazón de carne" (Ez 36, 25-26). Al corazón del hombre, endurecido y roto por el pecado, responderá Dios con su corazón de carne abierto por la misericordia.

El Nuevo Testamento: un corazón nuevo para vivir en Jesús

La Nueva Alianza, dice Dios, revestirá a Israel de un nuevo corazón, en el que esté indeleblemente escrita la Ley del Señor; y así vivirá todo él enamorado de la Ley, es decir, enamorado de Dios.

La novedad del Nuevo Testamento está en que la salvación prometida se realiza no solo por medio de Jesucristo, sino en Él. Cristo en su carne debe recorrer

el camino de la humildad para volver al Padre convirtiéndose en caminante hacia la patria definitiva. Su
caminar lo vivirá a través de las acciones que realiza
como hombre. El corazón humano de Jesús es todo él
un grito de amor: "Abbá, Padre". Ese amor lo llevará
a entregar su vida y, en ese amor, en esa entrega, revela
al Padre como un Padre lleno de amor por cada uno
de nosotros: "Pues el Padre mismo os quiere, porque
me queréis a mí y creéis que salí de Dios" (Jn 16,27).

Cada uno de los evangelios es un retrato del corazón de Jesús en acción. En sus obras y palabras se
transparenta su interior; así se hace cercano e imi-
table a la vez. Porque él vivió este amor, nos pide
este amor: "En esto conocerán todos que sois discípulos míos, si os tenéis amor unos a otros" (Jn 13,
35). ¡Tarea irrealizable! Pero que se hace posible para
quien, con sencillez y humildad, se acerca a Jesús:
"¡Aprended de mí, porque soy manso y humilde de
corazón!" (Mt 11, 29). "Lejos de emparedarse en una
conciencia deprimida con timidez y obsesión por el
propio yo, esta es la falsa humildad, Jesús se olvida
de sí mismo para pensar en los demás y hacerse todo
para todos. Se podría decir que es una humildad son-
riente, acogedora, tranquilizadora"[22].

---

[22] J. GALOT., *El corazón de Cristo*, 212.

Vivimos en la certeza de una gran esperanza: acercándonos a nuestro Hermano Jesús, también en nosotros se realizará -se comienza ya a realizar- la gran promesa del corazón nuevo. La experiencia de la presencia del Espíritu en el cristiano nos hace partícipes de esta forma de la experiencia que Cristo tenía del amor del Padre.

Y así, a imagen de Jesús y en comunión con él, llevaremos a plenitud también en nosotros la Nueva Alianza, el designio salvador de Dios. Surge la fascinación por Cristo, Señor y Amigo, y la súplica más ardiente, la petición del milagro que no está en el Evangelio, aquel que Él desea conceder con toda la fuerza de su Corazón misericordioso: "¡Señor, cambia mi corazón que no sé amar bien!". Porque a Dios le importa el corazón, a Dios le afectan mis actos.

La época de los Padres: la vida desde el Corazón de Cristo

Tras la Resurrección, muchos hombres van viviendo el misterio de Jesucristo. La novedad de la pasión y la resurrección de Cristo se transforma en fuego ardiente que ha de testimoniarse. Nos quedamos con unos testimonios que representan a una multitud y que ponen de relieve la primacía del corazón.

El mártir san Justino muere en el año 165 dejándonos el testimonio expreso más antiguo del Corazón de Jesús en el contexto de la pasión del Señor: "Las palabras 'mi corazón se convirtió en cera que se derrite dentro de mi cuerpo' (Sal 21, 15) fueron profecía de lo que sucedió aquella noche en el Monte de los Olivos. Derramó sudor, grumos de sangre, por temblarle el corazón y los huesos, como si su corazón fuese de cera que se derretía en su interior". Hablar del Corazón de Cristo significa para el Santo desear corresponder a ese amor.

Agustín de Hipona fue un gran vividor y un gran converso. El Santo luchaba entonces contra sí mismo. Quería entregarse a Dios pero veía al mismo tiempo sus pocas fuerzas: estaba demasiado apegado a sus vicios y miserias. Entonces escuchó la voz de un niño que cantaba en el jardín vecino: "Toma y lee, toma y lee ...". Agustín tomó el manuscrito con las cartas de san Pablo: "Nada de comilonas ni borracheras, nada de lujuria ni desenfreno... revestíos de los mismos sentimientos que el Señor Jesucristo".

"¿Qué estás deseando, Agustín?" le preguntaba Dios en aquel momento decisivo. Lo que le pasaba a Agustín es que sus deseos estaban enfermos, como si se les hubiesen atrofiado las alas y en las palabras de Pablo redescubre su dignidad, ¡llamado a vivir los mismos sentimiento de Cristo Jesús!

Años después, san Agustín, leyendo al pensador cristiano Orígenes, ahonda admirado ante el misterio del Corazón de Jesús: "Juan -dice- bebía de lo íntimo del corazón del Señor los secretos más profundos". Se atreve a preguntarle directamente a Jesús: "¿A esto se han reducido los tesoros de la sabiduría y de la ciencia escondidos en ti? ¿A que vengamos a aprender de ti, como una cosa grande, que eres manso y humilde de corazón?". Así aprendió el famoso Doctor de la Iglesia a callar y escuchar.

Incansable defensor del corazón de Jesús fue también un gran santo y teólogo del siglo VII: el "humilde monje" Máximo, el Confesor. La verdadera humanidad de Jesucristo era, a sus ojos, algo tan decisivo que en su defensa merecía la pena perder el prestigio, la propia patria e incluso la vida. Después de múltiples destierros por defender la voluntad humana de Jesús, el emperador lo envió a la lejana Georgia y decretó que se le cortara la mano diestra y la lengua, los miembros con los que había proclamado, por escrito y de palabra, el misterio de Jesús, Dios y hombre. Para Máximo, el misterio era que Jesús, el Hijo de Dios, no solo "trabajó con manos de hombre y pensó con inteligencia de hombre", sino que también "actuó con una voluntad de hombre, amó con un corazón de hombre"[23].

Por eso, Máximo acude al huerto de Olivos y contempla cómo Cristo, verdadero hombre, obedece al Padre y se entrega en confianza: "No se haga mi voluntad, sino la tuya". Sí, el hombre y Dios Cristo Jesús tuvo que aprender sufriendo a obedecer. Precisamente el misterio del Corazón de Jesús, lo que realmente nos redime, es que en el latido de un corazón humano se difunde un amor divino: es la acción humana de una persona divina.

Primera parada. Los primeros cristianos hablan vivencialmente del Corazón de Jesús. Es la fuente de la vida. Los ejemplos vistos nos bastan: el mártir descubre el corazón sufriente y el converso queda fascinado por la escuela del corazón manso y humilde. Todos descubren un horizonte de sentido en el Corazón de Cristo.

La escuela del Crucificado: "¿por qué andas ansioso, hombrecillo?"

Anselmo tiene dieciséis años y vive unos momentos de zozobra en su natal Aosta (Italia). Veleta,

---

[23] CONCILIO VATICANO II, *Gaudium et spes*, 22.

brújula sin norte, navío sin rumbo, así se siente. Tras una fiesta escribe: "El navío de mi corazón pierde el timón en cada fiesta y se deja llevar por las olas de la perdición". Dios le abre el corazón y él se entrega.

Ordenado sacerdote y hecho obispo, se transforma en estandarte de la fe. Desterrado varias veces, luchador infatigable dirá a sus fieles con el corazón conmovido: "Jesús es dulce en la apertura del costado; porque aquella apertura nos reveló las riquezas de su bondad, a saber, el amor de su corazón hacia nosotros. ¿Por qué andas ansioso, hombrecillo, buscando por doquiera los bienes del cuerpo y del alma? Ama el verdadero Bien, en el cual están todos los bienes, y basta. Desea el bien absoluto, que es el bien total, y basta".

El joven borgoñés (Francia) Bernardo es hijo de nobleza. Una noche de Navidad, mientras celebraban las ceremonias religiosas en el templo, se quedó dormido y le pareció ver al Niño Jesús en Belén en brazos de María, y que la Santa Madre le ofrecía a su Hijo para que lo amara y lo hiciera amar mucho por los demás. Desde este día ya no pensó sino en consagrarse a la religión y al apostolado. Meses después se fue al convento de monjes benedictinos llamado Cister, y pidió ser admitido.

Bernardo volvió a su familia a contar la noticia y todos se opusieron. Los amigos le decían que esto era desperdiciar una gran personalidad para ir a sepultarse vivo en un convento. La familia no aceptaba de ninguna manera. Pero Bernardo les habló tan maravillosamente de las ventajas y cualidades que tiene la vida religiosa, que arrastró consigo a sus cuatro hermanos mayores, a su tío y a treinta compañeros de la nobleza que dejaron todo para unirse a Cristo. Dicen que, cuando llamaron a Nirvardo, el hermano menor, para anunciarle que se iban de religiosos, el muchacho les respondió: "¡Ajá! ¿Con que ustedes se van a ganarse el cielo ya mí me dejan aquí en la tierra? Esto no lo puedo aceptar". Y, un tiempo después, también él se hizo religioso del Cister.

El soldado san Bernardo, fundador del monasterio de Claraval con solo veinticinco años, Abad y Doctor, muestra dónde reside su fuerza: "El hierro cruel atravesó su alma e hirió su Corazón, a fin de que supiese compadecerse de mis flaquezas. El secreto de su Corazón se está viendo por las aberturas de su cuerpo; podemos ya contemplar ese sublime misterio de bondad infinita de nuestro Dios y así vivir de Él".

No podemos dejar de citar a un gran teólogo medieval, san Buenaventura. Así sucedió: "Aquel día, el venerable P. Buenaventura no bajó al refectorio ni asistió a la sesión de formación conventual. Un hermano se acercó presuroso y con preocupación a su celda y, con la prisa nerviosa, entró sin llamar. El llamado Doctor Devoto miraba de rodillas, sonrojado el rostro, ardiente la mirada, al sencillo Cristo Crucificado que adornaba la austera pared blanca. Y así habló al hermano que, pálido, no sabía qué decir: "He encontrado el Corazón de mi buen Jesús, el Corazón del Señor, mi rey, mi hermano, mi amigo, ¿y no vaya a orar? Oraré, sí; porque me atrevo a decir que su corazón es también mío. Si Cristo es mi cabeza ¿por qué no ha de ser mío todo lo suyo? ¿No son míos los ojos de mi cabeza corporal? Pues el Corazón de mi Cabeza espiritual también es mío"[24].

El santo pide respuesta a su interrogante: ¿Quién no amará aquel Corazón tan herido después de conocerlo?, ¿quién no devolverá amor a quien tanto ama? Se preanuncian las promesas de santa Margarita: "Acércate ..., no solo metas el dedo en el lugar de los clavos, sino enteramente entra por la puerta del costado hasta el Corazón del mismo Jesús".

---

[24] S. Buenaventura, *La vida mística*, 3,11 (PL 184, 643).

La gran promesa: la fuerza y hermosura del amor de Cristo

"Damos gracias por la experiencia mística de Santa Margarita María. A ella le fue concedido, con una fuerza particular, pero en una existencia escondida, conocer la fuerza y hermosura del amor de Cristo" (San Juan Pablo II).

La tierra de la devoción al Corazón de Jesús está removida por multitud de grandes santos: desde santo Tomás de Aquino a san Juan de la Cruz, pasando por san Ignacio de Loyola, san Juan de Ávila, san Francisco de Sales, santa Teresa de Jesús y san Juan Eudes (llamado con razón el apóstol del culto litúrgico al Corazón de Jesús). Todos ellos son maestros del espíritu porque aprendieron sus secretos en la carne de Cristo, en su humanidad divina. Ahora el Señor confía a la Iglesia la expresión de la esencia evangélica vivida por toda la tradición en el molde de un profundo mensaje a una pobre mujer.

Quedamos perplejos. De las muchas semillas sembradas por el Padre de familia en una historia de grandes santos fue el pobre grano de Paray Le Monial, pequeño pueblo en que vivía santa Margarita María, el escogido para dar la rica cosecha que vive la Iglesia. Se toca aquí con la mano el modo usual como actúa Dios: "Eligió la flaqueza del mundo, lo que es nada..., para que nadie pueda gloriarse ante Dios" (1 Co 1,27-29).

Aquella tarde invernal del 16 de junio de 1675, Margarita María, con sus veintinueve años, reza tranquila. Religiosa de la Hijas de la Visitación de las cuales san Francisco de Sales había dicho que "tendrán el Corazón de Jesús, su esposo crucificado, por morada y estancia en este mundo", Margarita no tiene más deseo que ser fiel en lo ordinario a Aquel por quien todo lo ha dejado. Es entonces cuando recibe el encargo, la gran revelación del Señor, a la que muchos de los Papas posteriores han hecho alusión proponiendo su contenido como plan de vida.

Transcribo literalmente la clave central de las palabras del Señor. Poco más queda por añadir: "He aquí este Corazón que tanto ha amado a los hombres, que nada ha ahorrado hasta agotarse y consumirse para demostrarles su amor, y que no recibe en reconocimiento de la mayor parte sino ingratitud, ya por sus irreverencias y sacrilegios, ya por la frialdad y desprecio con que me tratan en este Sacramento de amor. Pero lo que me es aún mucho más sensible es que son corazones que me están consagrados los que así me tratan. Por eso te pido que se dedique el primer viernes de mes, y una fiesta particular para honrar mi Corazón... Te prometo, además, que mi Corazón se dilatará para derramar con abundancia las influencias de su divino amor sobre los que den este honor y los que procuren le sea tributado".

La santa, como antes san Agustín, escuchará y callará. La delicadeza del Señor se expresa en el envío de un confidente seguro que ayude a santa Margarita María en su caminar advirtiendo: "Que no se desanime a causa de las dificultades que se le presenten, y que no le han de faltar; pero debe saber que es omnipotente aquel que desconfía enteramente de sí mismo para confiar únicamente en Mí". La figura de san Claudio de La Colombiere ha suscitado admiración por su prudencia y sabiduría. Dirigió a santa Margarita desde 1675 hasta 1682, año en que murió. Su apoyo permite a la santa superar sus dudas y discernir la auténtica inspiración de su extraordinaria experiencia. "Sus intercambios son un modelo de equilibrio en el consejo espiritual" (San Juan Pablo II).

Nace aquí, de un modo nuevo, el culto al Corazón de Jesús como forma auténtica de espiritualidad fundada en la imitación de la interioridad de Jesús descubierta en su obrar como respuesta a su amor redentor. La corporalidad de Cristo se muestra impidiendo al que contempla escaparse de ese misterio de Dios hecho carne que se hace víctima eucarística y pide confianza y trabajo en la oración: "Margarita, ocúpate tú de Mí y de mis cosas, que Yo me ocuparé de ti y de las tuyas".

"Damos gracias a Dios por el gran desarrollo de la adoración y de la comunión eucarística que han tomado de aquí un nuevo impulso. La devoción particular de los primeros viernes de mes ha producido muchos frutos, tras los mensajes apremiantes recibidos por Margarita María"[25].

Cristo, esperanza de salvación

La promesa hecha en Paray es una promesa hecha al hombre de nuestro tiempo. Se inaugura, en respuesta al drama de la soledad contemporánea, un camino que aúna las fuerzas personales en la familia de la Iglesia.

El Señor quiere aunar, quiere romper con individualidades que encierran o comunitarismos que disuelven la persona en el todo. La necesidad de hacer común en la Iglesia esta veneración y culto al Sagrado Corazón viene desde Pío IX, pasando por León

---

[25] SAN JUAN PABLO II, Alocución en el monasterio de la Visitación de Paray Le Monial el 5-X-1986.

XIII, san Pío X, Benedicto XV, Pío XI, Pío XII, Juan XXIII y Pablo VI hasta la monumental insistencia de Juan Pablo II y Benedicto XVI. Una movilización plena que responde a la importancia del mensaje.

Hace unos años, la reforma litúrgica del Concilio Vaticano II perfiló con exactitud y vigor los elementos básicos de la piedad frente a los excesos del devocionalismo popular. Tras esta saludable poda, el materialismo aprovechó para incordiar y dañar el tejido de la devoción y dejó herido el culto esencial al Corazón de Cristo.

Al principio del capítulo aludíamos a "ciertas expresiones y devociones anticuadas" como razón de la crisis de la devoción al Corazón de Jesús. Podemos ahora completar esta visión: "A mi modo de ver, la causa más honda de la crisis de la espiritualidad del Sagrado Corazón no está tanto es sus expresiones de gusto decimonónico ni si quiera en los excesos y desviaciones que se introdujeron en su práctica. El culto al Corazón de Jesús entra en crisis cuando, a causa de vanas influencias, es puesto de lado como un culto demasiado «material», impropio de una religión «trascendente» y «espiritual», verdaderamente a la altura de los tiempos modernos"[26].

---

[26] J. A. MARTÍNEZ-CAMINO, *Evangelizar la cultura de la libertad*, Madrid 2002, 169.

Certero análisis de algo que no es nuevo. También los fariseos se escandalizaron ante el misterio de Jesús que se reveló como "Dios con nosotros", hecho carne, que comía y bebía, reía y lloraba, miraba con amor y reprendía con severidad. El escándalo y la fuerza de Jesucristo está en que es Dios y hombre verdadero, ama con corazón de hombre y, en ese corazón, alcanza su plenitud toda la creación. Cristo manifiesta el amor de Dios en su carne que "arde" y, sin embargo, no es acogido: "Si supieras qué sediento estoy de que los hombres me amen. No ahorrarían ningún esfuerzo para este fin. Tengo sed, ardo en deseos de ser amado".

También los tiempos de santa Margarita María eran tiempos de gran frialdad e indiferencia religiosa (¡siempre los mismos "problemas de corazón" y volvió a resonar el Evangelio con toda su fuerza plasmado en una devoción, la del Corazón de Jesús, centrada en la humanidad de Cristo, en su presencia, en su amor misericordioso y su perdón. En Paray se sella de nuevo la solidaridad en la salvación que responde a la solidaridad en el pecado.

Con firmeza y entusiasmo, la Iglesia nos anima a retomar el camino del Corazón de Cristo pues, desde que el Verbo se hizo carne, la corporalidad pertenece a la religiosidad verdaderamente espiritual en la cual el cuerpo es la transparencia del espíritu. "¡No tengáis reparo en adorar el Corazón de carne del Hijo del hombre porque solo así adoráis realmente su persona divina en toda su integridad, el Verbo manifestado en la carne que nos amó hasta la sangre, hasta dejarse romper el corazón!". Es necesario volver a retomar con fuerza el misterio del Corazón de Cristo, el misterio del amor de Dios encarnado por amor al hombre. Sigamos tomando el pulso a ese corazón sabiendo que "es tiempo del corazón, tiempo del paso a la comunión con Dios en el Cuerpo de Cristo".

3

El combate del Corazón

¡En el misterio del Corazón del Señor se hace también palpable que Jesús «fue probado en todo a semejanza nuestra, fuera del pecado» (Hb 4, 15). Encontramos así que Jesús tiene un Corazón que nos comprende también por experiencia compartida. Por ello, ante el Corazón del Señor, en su presencia, tranquilizaremos nuestro corazón, porque, si el corazón nos acusa, Dios es más grande que nuestro corazón y conoce todas las cosas. El Corazón del Hombre Dios no juzga a los corazones humanos. El Corazón llama. El Corazón invita. Para esto fue abierto con la lanza del soldado" (San Juan Pablo II, 20-VI-1979).

Hemos visto cómo el corazón del hombre esconde un tremendo combate, una lucha entre la donación y el encierro en sí mismo. La palabra amor se usa, en ocasiones, de modo confuso. Ilumina esto un encuentro casual con un gran cartel en las calles madrileñas que gritaba en letras de color el anuncio de una obra titulada "Amor y otros pecados". La falta de conciencia de pecado es una consecuencia de la falta de conciencia de amor. Recuerda a Judas y el beso traidor a Jesús antes de ahorcarse... ¡si hubiera sido consciente del gran amor misericordioso del Maestro!

En esta lógica clara, la conciencia de amor conlleva la conciencia de pecado: ¡qué bien se ve esto en el hijo pródigo que peca olvidando el amor y, al recordar a su padre fiel, descubre lo mal que se ha portado!

El Corazón de Jesús esconde este drama: descubre un amor grande jamás visto, la misericordia de Dios, que responde a una traición ruin, el pecado del hombre. Es el lugar auténtico del amor y, por ello mismo, el lugar en el que se comprende lo que el pecado nos arranca. Solo desde estas claves lo comprenderás bien: pecado y misericordia.

¿Es Dios apático o impasible?

"Aprended de Mí que soy manso y humilde de corazón" En Jesucristo se nos ha hecho visible el rostro de Dios y, gracias a

Él, el Corazón de Dios se nos ha abierto a todos" (Benedicto XVI, 1-IV-2007).

La pasión por el mundo y las cosas se encuentra en el mismo *sancta sanctorum*, en el núcleo de la presencia divina. Se puede hablar, dice el Papa, de un "amor apasionado" en Dios. La cosa habría escandalizado a más de un filósofo griego pues para ellos el amor revelaba una flagrante carencia, indigna del Ser Supremo.

Lo que pasa es que el Dios del Evangelio es distinto. Dice un antiguo escritor cristiano: "Asumió lo que es indigno, sí, y lo hizo porque era necesario para redimir al hombre; es más, en realidad, esta pasión es digna, porque no hay nada más digno de Dios que la salvación del hombre". Otros Padres de la Iglesia dijeron: "Es cierto, no puede padecer; pero sí puede, por el contrario, compadecer, padecer con otros, interesarse por la suerte de sus criaturas".

En el corazón del Padre ante el mal del hombre, ante el mal del hijo se produce la compasión. Un acto libre, no un sentimiento, en el que Dios se une al que está enfermo, herido, en pecado. Dios es un "Padre que siente compasión por el hombre, como compartiendo su dolor"[27]. Dios manifiesta ante el pecador sus entrañas, su corazón de Padre: "Dios es impasible, pero no incompasible, Dios no puede padecer pero sí compadecer. Es más, diremos que Dios no es completamente impasible, en Dios hay una pasión: el amor; el amor hacia el hombre caído: es compasión y es misericordia. Aquí reside el fundamento teológico de la pasión de Jesús y de todo el plan de salvación"[28]. Dios padece el sufrimiento de quien ama y no es amado, de quien se compadece del mal del amado, de quien tiene corazón, que es distinto del sufrimiento de quien es limitado.

Pero hay algo más profundo en el amor de Dios que es la potencia de ese amor: la Misericordia. Esta descubre un amor que no consiste únicamente en la mirada, aunque sea la más penetrante y compasiva, dirigida al mal moral, físico o material. La misericordia se manifiesta en su aspecto verdadero y propio, cuando extrae el bien de todas las formas del mal existentes en el mundo y en el hombre.

Así entendida, constituye el contenido fundamental del mensaje mesiánico de Cristo y la fuerza constitutiva de su misión. La misericordia es la prue-

---

[27] SAN JUAN PABLO II, *Dominum et vivificantem*, 39.
[28] Cf. J. RATZINGER, *El camino pascual*, Madrid 1990, 52.

ba de la capacidad creadora del amor que no se deja "vencer por el mal", sino que "vence con el bien al mal"[29]. Esto es el acto de Amor Redentor de Jesucristo, que satisface el amor herido del Padre y renueva la humanidad deforme por el pecado.

El Papa Benedicto XVI habla del cenit de esta revelación: es el Corazón de Jesús, traspasado por la lanza. El núcleo de la espiritualidad cristiana consiste precisamente "en armonizar nuestros corazones con el corazón de Cristo", nuestros amores con su amor[30]. Entendemos por qué la contemplación de ese Corazón abierto es esencial al misterio cristiano. Es más: es la vía espiritual que Benedicto XVI propone hoy como respuesta a los signos de nuestro tiempo.

El pecado

"El mundo contemporáneo presenta profundas contradicciones: vemos una humanidad que quisiera ser autosuficiente, donde no pocos creen que pueden prescindir de Dios para vivir bien; y, sin embargo, ¡cuántos parecen tristemente condenados a afrontar dramáticas situaciones de vacío existencial, ¡cuánta violencia hay aún sobre la tierra!, ¡cuánta soledad pesa sobre

---

[29] Cf. San Juan Pablo II, *Dives in Misericordia*, 6.
[30] Benedicto XVI, *Deus Caritas Est*, 19.

el corazón del hombre de la era de las comunicaciones! En una palabra, parece que hoy se ha perdido el «sentido del pecado», pero en compensación ha aumentado los «complejos de la culpa»”. (Benedicto XVI, 16-III-2007).

Cuando alguien nos habla de que ha ido al médico por problemas de corazón comprendemos que la cosa es importante. Si, además, nos dice que habrá que operar, el asunto es de mayor calado: lo que afecta al corazón es importante, lo que toca el corazón es trascendental.

El hecho es que el corazón del hombre es delicado pues es el lugar donde se decide el sentido de la acción y, por tanto, su orden. El corazón rebelde y egoísta es aquel que se pliega ante la realidad siendo parásito, buscando en todo solo su provecho. El pecado se define como endurecimiento del corazón, ¡corazón de piedra!, que lleva al hombre a la muerte, a la pérdida de uno mismo.

¿Quién está exento de enfermedades y tropiezos?, ¿qué corazón no experimenta cada día que busca “el mal que no quiere y no busca el bien que quiere”? Cristo sabe para quién ha venido: “no necesitan médico los que están sanos, sino los enfermos; no he venido a llamar a conversión a justos, sino a pecadores” (Lc 5,31-32).

Ciertamente, existe en la sociedad actual un oscurecimiento del sentido del pecado y una resistencia al uso de este concepto[31]. Este rechazo del pecado fue expresado con más fuerza por Nietzsche, el profeta del nihilismo: "no creáis en el pecado; desterremos del mundo el concepto de pecado... ¡yo mismo estrangulé al estrangulador que se llama pecado!"[32].

Nietzsche y su nada son respondidos por el profeta de la esperanza, Juan Pablo II: "no hay ni puede haber renovación espiritual sin conversión, y no hay conversión sin reconocimiento del pecado", por ello, "restablecer el sentido justo del pecado es la primera manera de afrontar la grave crisis espiritual, que afecta al hombre de nuestro tiempo"[33]. Y concluye valiente: "¡Reconocerse pecador, capaz de pecado e inclinado al pecado, es el principio indispensable para volver a Dios!"[34], para la conversión.

---

[31] Cf. SAN JUAN PABLO II, *Reconciliación y penitencia*, 18; J. RATZINGER, *Creación y pecado*, Barcelona 1989, 88.

[32] F. NIETZSCHE, *Así habló Zaratustra*, Múnich 1922, t.10, 427.

[33] SAN JUAN PABLO II, *Reconciliación y penitencia*, 18.

[34] SAN JUAN PABLO II, *Reconciliación y penitencia*, 13.

El sentido del pecado unido al sentido de Dios

"Aterrado por mis pecados y por el peso enorme de mis miserias, había meditado en mi corazón y decidido huir a la soledad. Mas Tú me lo prohibiste y me tranquilizaste, diciendo: «Cristo murió por todos, para que los que viven ya no vivan para sí, sino para él, que murió por ellos»". (San Agustín, Confesiones X, 43).

Pero ¿qué es el pecado que tan dramático aparece? Muchos cristianos hoy comparten la visión de aquel autor inglés que decía: "el pecado es una denominación medieval para designar el fin de semana". A lo sumo se considera como "algo" contra los mandamientos de Dios que son como las "leyes del Estado".

Pero esto no es así. Cuando se peca, no se ofende tanto a Dios en su ley, en su plan, en su señorío..., como en su Bondad, en su Amor Omnipotente de Padre. Es una ofensa que va directamente contra el Amor infinito de Dios porque es un rechazo del Don de Dios que, en el bautismo, me hizo hijo suyo, templo de su mismo amor. Este acto impide a Dios el que se pueda comunicar al hombre pues en el corazón de su donación Dios es despreciado.

¿Dónde se origina todo esto? Todo pecado parte de la duda sobre Dios y su proyecto concreto de amor sobre mi vida. En la desconfianza en el Amor de Dios está la raíz de todo pecado. "Todos los males que cometemos son nada comparados con él mal que cometemos cuando desconfiamos del Amor misericordioso de Dios" -dirá san Claudio presentado ya como gran apóstol del Corazón de Jesús. Los hombres no hemos creído en el amor de Dios. De aquí nace el dolor de Dios.

El amante sufre por el mal del amigo

"En la encíclica Deus caritas est he citado la afirmación de la primera carta de san Juan: «Nosotros hemos conocido el amor que Dios nos tiene y hemos creído en él» para subrayar que en el origen de la vida cristiana está el encuentro con una Persona" (Benedicto XVI).

Pero no solo se da un dolor ante el rechazo del Amor que no es amado ni acogido. Simultáneamente, el hombre se autodestruye con este rechazo, destruye el sentido y lo que fundamenta su existencia.

Es en el hombre donde se produce la perversión, el desorden de la voluntad respecto de su fin último y verdadero que es Dios mismo. Y Dios es aquí ofendido porque el hombre se hace daño, se destruye y también porque el que peca hace daño, al otro, a su prójimo. Por tanto, lo único ofendido en Dios es su amor,

el amor de Dios al hombre. Así lo afirma santo Tomás: "No es Dios ofendido por nuestro pecado, sino
en cuanto que obramos contra nuestro propio bien".

Aquella madre buscó al mal hijo escapado del
hogar. Atravesó campos de piedras y zarzas, vadeó
ríos revueltos, cogió enfermedades... Al llegar al hijo
abrió los brazos y le dijo: "Hijo mío, ten compasión
de mí". La madre le pide que descubra en su dolor
de madre su propia desgracia de hijo mostrándole las
consecuencias de su traición.

Así el Padre envía a su Hijo para que comprenda-
mos su Amor y le amemos, pues nada nos induce
tanto al amor a alguien como el experimentar su amor
hacia nosotros. El amor de Dios al hombre de ningún
modo pudo manifestarse más eficazmente que por el
hecho de haberse querido unir al hombre en persona:
pues, en palabras de santo Tomás, "lo propio del amor
es unir al amante con el amado en cuanto es posible"[35].

Jesucristo es la Encarnación del rostro más profundo y más misterioso de Dios, su rostro de Compasión y Misericordia. La misión de Cristo será revelar
la ternura, la compasión y la misericordia de Dios precisamente para los que están lejos y son miserables.

---

[35] SANTO TOMÁS DE AQUINO, *Suma contra gentiles* IV, 54, 5.

Es para ellos para los que Jesús ha venido a la tierra. ¡Estamos tocando el núcleo del Corazón de Cristo!

Dios se revela en la carne

"Dado que Dios se ha manifestado de la manera más profunda a través de la encarnación de su Hijo, haciéndose «visible» en Él, en la relación con Cristo podemos reconocer quién es verdaderamente Dios" (Benedicto XVI, Carta sobre el culto al Corazón de Jesús).

El manantial de vida y amor que es el Corazón de Cristo se fue formando y creciendo en edad, gracia y sabiduría en el misterio del progreso humano. El misterio del Corazón de Jesús arranca en el momento de la Encarnación. El Verbo eterno consustancial al Padre se hace hombre en María.

En ese Corazón del Hijo Encarnado de Dios se descubre en plenitud la dignidad del hombre. Toda la riqueza y la limitación humana se amasan en el Corazón de Jesucristo. Nos acercamos, como los pastores primero, como un Juan o un Zaqueo después, al Corazón de Cristo como la revelación histórica más concreta y más universal de Dios mismo que late con pulsos humanos, comprensible y cercano. En la encarnación, Jesucristo asume todo lo propio del hombre queriendo amar con un corazón humano, pensar con una inteligencia humana, reaccionar con una afectividad humana, actuar con un cuerpo humano.

Es "el Dios de la cueva", el que en su corazón humano integra lo concreto abriendo un horizonte de plenitud en su mirada al Padre. Así lo expresa Chesterton: "El Dios que hasta ahora para muchos no había pasado de ser más que una circunferencia, es visto ahora como un centro, y un centro es infinitamente pequeño. La espiral espiritual se desarrolla en adelante hacia adentro en vez de hacia fuera. La fe se convierte en una religión de cosas pequeñas". ¡Es el Hijo único del Padre pero actúa como verdadero hombre, con una naturaleza humana verdadera e íntegra que no ha sido absorbida ni mezclada con la naturaleza divina ni tampoco separada de la Persona del Hijo!

En el Evangelio se muestra cómo el Corazón de Cristo es movido por el Espíritu. En su humanidad se abre la vida de los hombres a la verdadera divinidad de Dios en la que encontramos la plenitud de la vida, la salvación, ¡el verdadero centro!

> Quise mirar mi vida cara a cara,
> quitarle a mi guiñol la marioneta,
> al fantoche arrancarle su careta
> cual si un astro interior lo iluminara.

Puse mi ser bajo una luz tan clara
que desveló la estancia más secreta:
todo era viento loco en mi veleta,
vacío y vanidad tras la mampara.

Casi caí de horror y sin sentido
hasta que tú alumbraste más profundo
y entonces vi, silencio en mi ruido,
sol en mi noche, paz en mi discordia,
el verdadero centro de mi mundo:
tu amor, Señor y tu misericordia.

("Verdadero centro", José Granados)

Y en ese "beso de la misericordia y la justicia de Dios" acontecido en la Encarnación del Hijo y "profesado y venerado" hoy por la Iglesia en el Corazón de Cristo, el hombre reencuentra su sentido.

La Pasión del Corazón

Me amó y se entregó a sí mismo por mí (Ga 2,20).

Pasiones en Jesús hay tres que se dan a la vez: la pasión de la sangre, la pasión de la honra, la pasión del Corazón. La primera se refiere a los atroces sufrimientos físicos que sufrió, la segunda a la tremenda humillación del que era Hijo de Dios, la tercera -la más dolorosa- se refiere a la traición y falta de correspondencia de aquellos por quienes Cristo se entregó. Hablaremos de esta.

Imaginad una nación donde hay persecución religiosa. Hay una orden: todos los estudiantes universitarios tienen que denunciar a sus padres si es que practican la religión. Una joven universitaria sabe que su padre practica la religión pero no lo denuncia. Sus compañeras se enteran y empiezan a reírse de ella, a amenazarla, a decirle que tiene que denunciar a su padre, que, si no, ellas la denunciarán a ella. La pobre, apurada, denuncia a su padre. Y encarcelan a su padre, lo procesan y lo condenan a muerte. La víspera del fusilamiento de su padre, la joven, como si no supiese nada, se acerca a su padre para despedirse. Y su padre, que lo sabe todo, le dice solo estas palabras: "Hija, muero por ti, por ti"[36].

¿Qué quiere decir ese "por ti"? Muero en vez de ti, porque tú no has tenido valor para afrontar la muerte. Muero por ti, es decir, muero por causa tuya; tú me has denunciado, tú me has llevado a los tribunales. Muero por ti, para que seas fiel al amor en el futuro; a ver si en adelante eres mejor de lo que has

---

[36] Cf. L. M. MENDIZÁBAL, *En el corazón de Cristo*, Madrid 1979.

sido hasta ahora, hija mía. ¿Cómo se le puede olvidar a esta hija esa palabra de su padre: "muero por ti"?

Así muere Jesucristo. Todo lo padece en su Corazón *por mí* en el sentido pleno. *Por mí*, en lugar de mí; *por mí*, por causa mía, por mis pecados, causa de su muerte; *por mí* quiere decir todavía más: por mi perfección, para que yo me dé a la santidad. Ha muerto para eso. Todo eso junto.

Getsemaní: se revela, el sentido del Corazón de Jesús

En el extremo de la humanidad, el extremo de la paternidad.

El misterio del Corazón de Jesús tiene en el huerto de Getsemaní un lugar clave: plegarias muy hondas que se unen a las primeras gotas de sangre. Muchos hilos se unen en el pequeño huerto de Getsemaní, lugar habitual de oración para Jesús. Anotamos tres presencias en el Corazón de Jesucristo que nos hacen comprender tres actitudes de ese Corazón.

La primera presencia revela el sentido radical de toda acción de Cristo, la trama de su latir. El Padre y el Espíritu Santo están muy presentes en esta noche de grandes decisiones. El Hijo que se ha dado a la Iglesia hasta el extremo en la Eucaristía, quiere consumar su entrega obediencial al Padre en la cruz "para la vida del mundo"; el Padre no se echa atrás y se inclina hacia el Hijo muy amado.

El gran amor de Cristo se descubre en su Padre: todo por Él, nada sin Él. ¡Cristo no actúa solo desde sí mismo, sino en fuerza de Otro de quien proviene, que le da una misión y le conforta en el Espíritu, el Gran Consolador! Toda la acción de Jesús nace de una comunión con el Padre en el Espíritu. Así es capaz de comunicarse generando amor: por esto es acción redentora[37].

Segunda presencia: el Tentador también trabaja. Es su hora, anunciada después de las tentaciones, y su acción es intensa en el Corazón de Cristo con susurros siniestros de desolación y soledad. Ya Orígenes decía: "¿Qué voy a decir de los pensamientos que nos sugiere a veces el enemigo para quitarnos la esperanza de nuestra vocación?... Empieza a sugerir a nuestra imaginación que es superfluo e inútil tolerar tantas cosas por Cristo. Que es mucho mejor llevar una vida tranquila y sin persecuciones". Es lo que le pasa a Cristo en este momento: "¿Para qué? ¿Para qué tanto sufrimiento? ¿Para qué tanta Pasión? Total,

---

[37] Cf. J. Ratzinger, *Guardare al Crocifisso*, Milano 1992, 20.

¡para la importancia que le van a dar los hombres! ¿Y para eso vaya a dar yo la vida?".

En su Corazón siente el peso de los pecados de todos los corazones: de amarguras, de odios, de falsos amores... Penetrar en esa pena de Cristo, en ese dolor íntimo de Cristo. "Y así" –dice el cardenal Newman– "permaneció, de rodillas, inmóvil y silencioso, mientras el impuro enemigo envolvía su espíritu con una túnica empapada en todo lo que el crimen humano tiene de más odioso y atroz, y la apretaba en torno a su Corazón".

Tercera presencia. Los discípulos duermen pero Jesús lucha por ellos y los quiere consigo: "¡velad y orad!", Los ha asociado consigo totalmente para abrirles a ellos una vida nueva. No les trata como a niños. Quiere que maduren en la comprensión de la entrega o sucumbirán al engaño del tentador: "Para esto he venido, para dar la vida en rescate por muchos".

Cada Hora Santa de adoración eucarística participa, en algún modo, de Getsemaní compartiendo las presencias del Corazón de Jesús pues en ninguna otra escena de su vida es tan claro hasta qué hondura fue hombre, hasta qué altura fue Dios, hasta qué radicalidad fue Redentor. Aquí está la esencia de la reparación en la devoción del Corazón de Cristo: una invitación a caminar con Él, entrando en su soledad, para participar de su comunión con el Padre.

El Crucificado: engendrados en ese corazón

> *"Meditad el testamento de Cristo: ¡no hay mayor prueba de amor que dar la vida por aquellos a quienes se ama! ¡Contemplad al Hombre-Dios, al Hombre del Corazón traspasado! ¡No tengáis miedo! Jesús no vino a condenar, sino a liberar al amor de sus equívocos y de sus falsificaciones"* (San Juan Pablo II, 1-VI-1980).

En la crisis de la Cruz está Cristo desvelándose plenamente para responder a la dificultad del sufrimiento manifestándose como Misericordia. Aquí está el lugar del cristiano: comprendiendo el sentido del amor de Cristo y su costado abierto como horizonte de crecimiento. La tarea de todo cristiano ha de ser aprender a discernir desde Cristo. Valorar cada acción, cada relación, desde ese acontecimiento para bien llevar los dramas de la vida y conducirse a una vida excelente.

Tengo sed: el sufrimiento de Dios

Por eso, para que se cumpliera la Escritura, dice: "Tengo sed". Esa sed que manifiesta es su deseo de darse y es el fruto de su amor infinito libre, que desea el bien del que ama y desea ser amado por él.

Es una sed que complementa la sed del hombre, aquella sed de la samaritana insatisfecha en sus bús-quedas. Así lo cantaba una artista:

> Quiero vivir, quiero gritar;
> Quiero sentir el universo sobre mí.
> Quiero correr en libertad.
> Quiero llorar de felicidad.
> Como un náufrago en el mar.
> Quiero encontrar... mi sitio.
> Solo queda una vela.
> Encendida en medio de la tarta.
> Y se quiere consumir.
>
> (Amaral)

Y Él ya ha respondido por adelantado a tanto querer frustrado ofreciendo desde su Corazón abier-to en la cruz la posibilidad de beber de la fuente de agua viva que salta hasta la vida eterna. Beber del costado de Cristo, participar de su perdón y su in-timidad, permite vivir en la tensión apasionada del deseo más profundo sin desfallecer en la lucha ni desfigurar la imagen del Hijo que habita en noso-tros.

¿Cómo sacia Cristo nuestra sed? El pueblo se rebelaba. Tenía sed. Les ardía la garganta por el sol del desierto. Echan de menos los charcos de agua estancada de Egipto. Y Dios actúa por medio del buen siervo, Moisés. Golpeando la roca con la vara manará agua abundante.

Mil años después se repite la historia. Otra roca, Cristo, es golpeada con otra vara, la lanza. Mana el agua viva, el agua del bautismo junto a la sangre de los sacramentos: Eucaristía y perdón. Se abre el corazón de Cristo como respuesta al pecado.

La lanzada expresa esa necesidad del hombre de verificar que Cristo ha muerto, que no hay nada más; el pagano no se conforma con ver, quiere experimentar. Es la prisa del hombre moderno por agotar el misterio, para ocupar el centro de todo. El pecado que usurpa a Dios su lugar relegándolo, negándolo.

El costado abierto es la respuesta a la lanzada: Él vive y se dona a cada hombre, venciendo la muerte y traspasando el tiempo. "La herida del costado y las de los clavos han sido para innumerables almas los signos de un amor que ha transformado cada vez más incisivamente su vida. Reconocer el amor de Dios en el Crucificado se ha convertido en una experiencia interior que les ha llevado a confesar, junto a Tomás: '¡Señor mío y Dios mío!', permitiéndoles alcanzar una fe más profunda en la acogida sin reservas del amor de Dios"[38].

Se opera la donación de una vida nueva, la del agua y la sangre que el discípulo amado sabe interpretar como el don del amor de Dios al hombre. Es la invitación del discípulo a una nueva comprensión de las relaciones entre Dios y el hombre:

Recliné mi cabeza en tu costado,
vela entonces profunda y escondida,
manantial hoy abierto de la vida
por la lanza dichosa del soldado.

Tomaste allí mi pena y mi cuidado,
el dolor y la fiebre de mi herida.

Me diste a cambio todo sin medida
llamándome tu amigo muy amado.

Cómo hubiera querido devolverte
tanto amor con amor... ¡Hicieron vanos
mis deseos la noche y la tristeza!

---

[38] BENEDICTO XVI, Carta de su santidad Benedicto XVI al prepósito general de la Compañía de Jesús con motivo del 50º aniversario de la encíclica *Haurietis Aquas*.

Y al venir el silencio de tu muerte
me queda solo el hueco de las manos
para que en él reclines tu cabeza...

("Del discípulo amado en el descendimiento
de la cruz", José Granados).

La profundidad de Dios, su misterio mismo de amor, no ha permanecido en lo secreto, como un venero subterráneo, como "veta profunda y escondida". Su corazón ha sido roto y con fuerza fluye hacia fuera. Dios se ha dejado tocar, se deja conmover por los sucesos de la vida del hombre. Su amor se hace manifiesto desde las horas punta de nuestra jornada laboral hasta la serenidad de una velada en familia. Toda la profundidad del amor de Dios sale aquí a la superficie, atravesando la roca de la vida humana de Jesús, para que podamos beberla con gozo y sin miedo. En este corazón se puede entonces entrar, a este corazón se puede pertenecer, desde este corazón se puede amar a Dios y los hombres.

Todo el capítulo siguiente será desarrollar, sencillamente, lo que se aprende en la contemplación de ese Corazón Traspasado. Es la cátedra del discípulo amado que comprende en ese mirar al Crucificado que ahora abre el Corazón una escuela de oración y de acción. Seguimos nuestro camino.

4.

El triunfo: vivir según el corazón de Cristo

"Retomando una expresión de mi venerado predecesor Juan Pablo II digo: Junto al Corazón de Cristo, el corazón humano aprende a conocer el auténtico y único sentido de la vida y de su propio destino, a comprender el valor de una vida auténticamente cristiana, a permanecer alejado de ciertas perversiones del corazón, a unir el amor filial a Dios con el amor al prójimo. De este modo, esta es la verdadera reparación exigida por el Corazón del Salvador, sobre las ruinas acumuladas por el odio y la violencia podrá edificarse la civilización del Corazón de Cristo" (Benedicto XVI, Carta sobre el culto al Corazón de Jesús).

¿En qué modo afecta a la vida y a la acción personal la devoción del Corazón de Jesús? La vida no se construye eligiendo entre distintas opciones que vayan saciando las propias necesidades. Esto ocurre con el carro de la compra pero no con el corazón del hombre. En ese esquema, Cristo aportaría consejillos y nada más: "Esto es mejor, esto sabe bien...".

Vale mejor, para una visión cristiana plena, la imagen de la obra de arte. Las acciones se producen desde uno mismo, ¡se inventan! La obra de arte no se reduce a los elementos que la componen: color, forma, sonido, rima. Si no se comprende la inspiración artística, el mensaje que da unidad y sentido a todo, se pierde la obra.

El sentido del obrar humano nace desde la comprensión de la verdad del fin para el cual ha sido creado. En el Corazón de Cristo descubre el hombre su destino pues allí se le descubre, como hemos visto, el amor del Padre. Se trata de aprender a vivir, desde la luz que surge de la interioridad de Cristo, esta presencia del fin que me atrae y empapa de coherencia y sentido todas mis acciones.

Dos principios

El catolicismo es mantener ese diálogo con una persona viva, que es Cristo. Cuando un hombre empieza a preocuparse del problema de Cristo, va bien. Si llega a ver en Él la figura más grande de la historia, va mejor. Si llega a descubrir en Él al Dios-Hombre, ha dado ya con la verdad. Pero aún le queda un paso muy difícil que dar. Ha de llegar a decir: "Este Hombre-Dios es mi amigo personal, me ama a mí ahora; me conoce y me ama; sufre y goza conmigo y por mí".

Buscamos controlar nuestra vida cumpliendo lo justo, sin exponernos demasiado, sin plantearnos en profundidad las grandes cuestiones que, en el fondo, tememos (vocación, conversión, ¡misión evangeliza-dora!). Y cuando estamos así, Jesucristo mismo se presenta y nos dice: "¿Por qué me tratáis como muer-to si estoy vivo? Soy persona viva. ¡Si tengo un cora-zón! Estoy vivo, el corazón me late, tenéis que contar conmigo. Sin Mí no podéis hacer nada, porque yo me intereso por vosotros; tengo algo que hacer siempre en vuestra vida". Y viene una alegría y fuerza nuevas.

a) Cristo me ama ahora: en Él repercuten mis acciones

"El Señor cuenta con nosotros y nos llama amigos, pues solo a los que amamos de esta manera somos capaces de dar-les la vida proporcionada por Jesús con su gracia" (Benedicto XVI, 11-V-2007).

"Ahora me doy cuenta de la importancia del corazón y cada vez que leo esta palabra en la Biblia me detengo atento... Recuerdo quién soy, para qué soy y cómo realizar esa vocación divina". Así hablaba un amigo periodista a punto de ser operado de una delicada operación de corazón. "No era muy grave" -habían dicho los médicos- "pero se trata del corazón y, ya se sabe...". Es el corazón, el centro, el lugar por el que pasa la sangre, la vida. Al tocar el corazón es tocado todo. Su vida, su corazón enfermo pendía de un hilo, pero, consciente de ello, cargó ese hilo de intensidad, de gratitud y de peticiones, de grandes miradas, acabando de tejer, desde el hilo del amor cordial, una trama de vida llena. Aprendió en breve tiempo a dar sentido también a su muerte, pues la operación se lo llevó.

La devoción al Corazón de Cristo es una operación en el centro mismo de la persona de Jesús que lo toca todo. Vimos en el capítulo anterior que Cristo se presenta como el camino del hombre, como Hijo de Dios encarnado en quien encontramos al Padre: por ello es capaz de tocar y afectar los dinamismos más profundos de cualquier persona.

Vivimos pequeñas cosas, sin importancia, pequeñas observancias y nos vamos acostumbrando a ciertas rutinas. Pero he aquí que viene esta iluminación de la revelación del Corazón de Cristo. Tus manos están operando sobre el Corazón de Cristo. Debajo de esas manos está un Corazón que late, y todo lo que tú haces es una operación sobre ese Corazón. Todo lo que tú haces es o agradable o desagradable al Corazón de Cristo. Todo repercute en Él. O es una alegría para Cristo o es un dolor para Cristo. ¡Nada ocurre sin más!

No hay acción humana, verdaderamente humana, que no repercuta en el Corazón de Cristo. Si tú tienes esta visión, si caes en la cuenta vitalmente de que todo es una operación en el Corazón de Cristo, ya está, El sentido de todo es una operación en el Corazón de Cristo. El hombre está hecho para agradar a Cristo[39].

b) *Jesucristo goza y sufre ahora. Aprender a discernir, a elegir desde Cristo*

> *"La libertad de Dios y la libertad del hombre se han encontrado definitivamente en su carne crucificada" (Benedicto XVI, Sacramentum Caritatis 9).*

La devoción al Corazón de Jesús enseña a considerar el pecado en sus consecuencias. Las espinas,

---

[39] MENDIZÁBAL, *En el corazón de Cristo*, 29.

la cruz, la herida de la lanza... forman parte de la re-
presentación popular del Corazón de Jesús que pide
ahondar en el misterio del pecado.

La misión para la que Jesús ha venido llega a
plenitud en el Misterio pascual. Desde la cruz abre el
corazón y atrae todo hacia sí. Ha quedado pactada en
su entrega la Nueva Alianza y el pecado del hombre,
el estigma que le hacía esclavo, ha sido expiado de una
vez por todas. Cristo nos ha conquistado la libertad y
nos introduce ahora en el modo de vivirla en plenitud.
El misterio de Jesucristo vivo en diálogo permanente
con cada hombre descubre el modo auténtico de vivir.

Es cierto que Jesús no puede sufrir más en Su
cuerpo físico, pero puede, en cambio, alegrarse y gozar, sufrir y llorar en su Cuerpo Místico, que es la Iglesia, de la que formamos parte. Toda buena acción le
proporciona placer y se alegra cuando encuentra nuestra puerta abierta como lo haría buen amigo. Pero,
simultáneamente, nuestros pecados son objeto de su
íntima compasión y verdadera herida y por ello, causa
de sufrimiento. Cuando Jesucristo le dice a san Pablo:
"¿Por qué me persigues?", no hablaba de modo mera-
mente simbólico, sino realmente. "El Corazón de Cristo herido nos muestra (y nos participa) este verdadero
sufrimiento. No solo los dolores que padeció duran-

te su vida en la tierra, sino los dolores actuales de su Cuerpo Místico, y su sentimiento de actual compasión por los pecados y sufrimientos de sus miembros"[40].

¿Qué supone esto en un corazón agradecido a Dios por tanto bien recibido? ¡Empezar a leer de nuevo cada acción propia y de los prójimos! A la luz de Corazón de Cristo, compasivo y entregado por cada uno, convencerse de que todo, en último análisis, procede del amor de Cristo y afecta a mi relación con Él. ¡Le importan mis actos y descubre el valor de todas las cosas que tengo entre manos! "¡Entonces nos parecerá, como es en realidad, que el motivo de nuestras acciones es dar una respuesta positiva a Jesucristo, proporcionándole así una alegría nueva", consolidando una fuerte comunión que carga de sentido y plenitud el obrar de cada día.

Consagración y reparación

"Vivir en el Corazón de Jesús, unirse a Él estrechamente, es, por tanto, convertirnos en morada de Dios" (San Josemaría Escrivá).

Solo si comprendemos el Corazón de Cristo como una llamada personal en la propia historia

---

[40] MENDIZÁBAL, *En el corazón de Cristo*, 30.

que compromete y eleva cada acción ofreciendo un camino de amistad, solo entonces habremos calado a fondo esta devoción. Al vivir lo cotidiano o al afrontar eventos inesperados iremos comprendiendo que todo se va integrando en esa historia de amistad con Él que es lo que da sentido a cada cosa. Completamos, en nuestra carne, lo que falta a la pasión de Cristo.

Todo es respuesta a una invitación de amistad. Como aquellos amigos, jugadores de rugby. Uno pateaba el balón y el otro corría con el deseo de coger el balón y completar una misma y única acción iniciada por "el otro yo" y construida en común. Así cada persona responderá según su personalidad concreta cristiana, según lo que el Señor le confía, con el deseo de corresponder a ese amor de Cristo que reacciona ante cada uno de nuestros actos. La respuesta lógica será: "Ya que Cristo me ama, yo le amo y me consagro a Él. Ya que Cristo ahora es sensible y sufre de una manera verdadera, pues yo también quiero repararle, latir con Él, ¡completar su acción en mi vida!".

En esto consisten las expresiones vitales de la devoción al Corazón de Cristo: consagración, partícipes del mismo ser de Cristo, y reparación, solidarios en una acción común.

Consagración: vivir como Hijos, todo es don

"Con la consagración ofrecemos al Corazón de Jesús nuestro ser y todas nuestras cosas, reconociéndolas recibidas del eterno amor de Dios" (Pío XI, Miserentissimus Redemptor).

Desde nuestro bautismo somos consagrados, pertenecemos a Dios, somos sus hijos y miembros de su Cuerpo Místico, la Iglesia. Y Cristo y el Padre, en el Espíritu Santo, vienen al alma y hacen en ella su morada.

Pero se nos olvida y la propia rutina de la vida nos hace vivir entre dos aguas separando la fe y la vida. La devoción al Corazón de Cristo nos devuelve la hondura de nuestra consagración bautismal lanzándonos a vivir el momento presente desde una primacía de la interioridad.

Vivir la consagración al Corazón de Jesús es ponerse totalmente a su disposición con un acto serio y bien meditado quitando los obstáculos que le impiden darse a nosotros. El obstáculo principal para la acción de Dios es uno mismo con sus egoísmos y miedos: "¡Deja de mirarte!", dirá san Agustín. San Ignacio de Loyola comprendió ese obstáculo y compuso una oración que rezaba todos los días en la que se ofrecía a Dios en disponibilidad plena, comprendiendo los

miedos como espacios de conquista para Dios: "Tomad, Señor, y recibid, toda mi libertad, mi memoria,
mi entendimiento; toda mi voluntad; todo mi haber y
mi poseer. Vos me lo disteis, a Vos, Señor, lo devuelvo.
Todo es vuestro. Disponed de todo a vuestra voluntad.
Dadme vuestro amor y gracia, que esta me basta".

Es la paradoja cristiana: cuanto más se entrega
uno a Dios y se niega a sí mismo, se vive con más
intensidad la vida encontrándose uno a sí mismo en
cada acción. Educar el corazón significa comprender
mi profunda pertenencia a Dios, en quien se origina
mi ser como manantial de Amor, y trabajar con paciencia para que esas aguas profundas salgan siempre
puras a la superficie, empapando cada acción sencilla
y concreta en que nos jugamos la vida y expresamos el
amor, cada tristeza y temor, cada esperanza y alegría.

El acontecimiento inicial, ¡soy amado gratuita-
mente!, requiere ser sostenido y ahondado, requiere una
respuesta acorde que plasme todas las fuerzas del sujeto.
Lo mismo que el joven que quiere hablar lenguas ha de
adquirir con paciencia y trabajo soltura, así el amante,
enamorado de una persona, ha de ir adquiriendo habi-
lidad para amar de verdad construyendo con inteligencia, creatividad y sano realismo, acciones que, expresán-
dole, le permitan entrar en comunión con el otro.

El Corazón del Hijo santifica el momento presente

Dios es Presente eterno; el hombre es presente que fluye. El encuentro solo es posible en el momento presente.

El Corazón de Cristo llama al presente que es el tiempo de los hombres realistas que aman en verdad. Solo se puede trabajar aquí y ahora, nunca allí y mañana. Eso no existe. Amamos en la acción y actuamos en el presente. El momento presente es el momento propio del buen hijo que no abandona el pasado construyendo desde una memoria viva de tanto bien recibido.

El riesgo del pasado es "volver a él" para quedarse anclado en tristezas y recuerdos nostálgicos de hechos que ya no existen. El pasado tiene sentido desde el presente como memoria, como actualización de una promesa que hoy se cumple abriendo la esperanza de más. Es la presencia de Dios la que me enseña a leer el pasado, es el Corazón de Cristo el lugar adecuado para hacer memoria de los hechos acontecidos: "¡Oh necios y tardos de corazón para creer, ¿no comprendíais que debía ser así?" (Lc 24, 25).

Aprendemos en el Corazón de Cristo a abandonar el pasado a la Misericordia de Dios (¡somos pecadores salvados!), sin quejas ni tristezas, y a vivir en continua acción de gracias a Dios por tanto bien recibido. La memoria viva se aprende en la adoración eucarística, auténtica cátedra del momento presente donde acción de gracias y abandono al Padre se comprenden como acciones principales de Jesús eucaristía.

El futuro tiene también su trampa. Contaba una película la historia de un hombre que anticipaba el futuro. Parecía magnífico pero, en el fondo, era una pesadilla. No había improvisación, todo eran cálculos y miedos para elegir lo que él consideraba lo mejor, y, al final, el fracaso o la duda eterna ("¿era lo mejor?, ¿calculé todas las posibilidades?"). Aquel hombre, ¡esto es lo peor!, era incapaz de construir una relación de amor. Amaba a una chica pero el cálculo constante ahogaba la frescura de la relación e, influido siempre por las reacciones de ella, elegía tan solo lo que él creía que a ella le gustaba de él.

La confianza es el lugar del futuro. Tengo futuro en la medida en que vivo el presente con intensidad en mi entrega dando sentido a mis pasos día a día desde la promesa que he recibido de Jesucristo. También Él en su Corazón articuló el futuro en confianza y lo fue abriendo desde el aprendizaje propio del tiempo. Su obediencia al Padre constituía la trama que daría sentido pleno a su muerte y resurrección. Y esta obediencia la trabajó y ahondó día a día en Nazaret, golpe a golpe en el taller, paso a paso por los caminos de Galilea. Fue siempre un hombre de presente que forjó en su Corazón una esperanza siempre activa y grande porque amó mucho en cada acto y así fortaleció su sentido vital, ¡la obediencia amorosa al Padre y, con Él, el deseo de Redención para todos los hombres!

El futuro se construye, no se improvisa. Se construye viviendo una relación con Dios de confianza y lealtad, sabiendo que Él es fiel, ayer, hoy y siempre. La confianza (o esperanza, que es lo mismo) que abre el presente al futuro arraiga en la fe que funda una relación de amistad con Cristo. La fe trabaja en el corazón del hombre promoviendo su adhesión a Cristo ("¡creo en Ti, Señor!"), la esperanza trabaja en el tiempo, realizando en todo con paciencia esa comunión con Él que llegará a plenitud y enseñando el santo abandono en una sana confianza.

Aprender a confiar ilimitadamente diciendo: "¡Abbá!"

Para san Claudio de La Colombiere, la auténtica devoción del Corazón de Cristo consistía en articular en cada momento de cada día un acto de confianza en su Omnipotencia misericordiosa: "Estoy tan convencido, Dios mío, de que velas sobre todos los que esperan en Ti y de que no puede faltar cosa alguna a quien de Ti espera todas las cosas, que he determinado vivir en adelante sin ningún cuidado, descargando en Ti todas mis preocupaciones... Bien conozco que soy frágil y mudable; sé cuánto pueden las tentaciones contra las virtudes más robustas; he visto caer las estrellas del cielo y las columnas del firmamento; pero nada de eso logra acobardarme. Mientras espere de veras, estoy a salvo a toda desgracia; y estoy cierto de que esperaré siempre, porque espero también esta esperanza invariable".

Viendo los deseos de martirio de santa Teresita, una hermana le preguntó si podía llegar a amar a Dios como ella: "Mis deseos de martirio no son nada" -contestó-, "¿cómo puedes decir que mis deseos son la señal de mi amor? No, yo sé muy bien que no es esto, en modo alguno, lo que le agrada a Dios en mi pobre alma. Lo que le agrada es verme amar mi pequeñez y mi pobreza, es la esperanza ciega que tengo en su misericordia. Este es mi único tesoro" -y concluye-: "la confianza, y nada más que la confianza, puede conducirnos al amor"[41].

---

[41] Santa Teresita del Niño Jesús, Carta 197 a sor María del Sagrado Corazón.

Pues, cuanto más necesitados nos reconocemos, más gloria damos a Dios poniendo en su Corazón Misericordioso toda nuestra confianza. Jamás se puede tener en Dios demasiada confianza. Por eso, la mejor reparación es una mirada de amor, un acto de confianza en el Corazón de Cristo: fuente de la Misericordia.

Primacía de la interioridad para actuar en lo ordinario: en el Espíritu Santo

"Saber mirar es saber amar" (Leonardo Polo).

"Santo Padre, los jóvenes vive hoy muy distantes de sí mismos, como fuera de sí...", decía un sacerdote al Papa. "Ponedles ante el drama del corazón, ante la autenticidad de la vida y la muerte", respondió Benedicto XVI. La autenticidad es muy valorada hoy. "¡Se tú mismo, sé auténtico!", es un grito que todo el mundo acepta. El valor de la autenticidad está en atreverse a quitarse las máscaras, la apariencia (¡cuántas veces obramos para que nos vean o para que nos valoren más!) y los miedos a manifestar lo que realmente soy y quiero.

Es la valentía de descubrir el propio corazón con sus bloqueos, sus inquietudes y sus deseos. Don

Miguel de Unamuno, insigne literato, habla a un discípulo de la vuelta al corazón:

"En vez de decir, pues: ¡adelante! o ¡arriba!, di: ¡adentro! Reconcéntrate para irradiar; deja llenarte para que rebases luego, conservando el manantial. Recógete en ti mismo para mejor darte a los demás todo entero e indiviso. "Doy cuanto tengo", dice el generoso. "Doy cuanto soy", dice el héroe. "Me doy a mí mismo", dice el santo; y di tú con él, y al darte: "Doy conmigo el universo entero". Para ello tienes que hacerte universo, buscándolo dentro de ti. ¡Adentro!".

Verdaderamente, unos siglos antes, san Agustín había descubierto ya este camino y, en cierto modo, lo había superado: más que "dar el universo" comprendió que había de dar a Dios mismo. Abrasado por el amor de Dios sucumbió al grito enamorado que desde dentro de sí mismo le llamaba para colmarle y así confesó: "Tarde te amé, tarde te amé, Belleza siempre Antigua y siempre nueva... yo te buscaba fuera y Tú estabas dentro".

El hombre interior vive siempre recibiendo todo del Padre del cielo. Solo desde esa pertenencia a Dios, fruto de navegar adentro de uno mismo, puede el corazón darse y recibir también a todos, estar abierto a los demás y en unión con ellos. Ocurre entonces al cristiano como al mártir Ignacio de Antioquía que escuchaba en su corazón: "Oigo en mí su interior un murmullo de aguas escondidas que me dice: ven al Padre".

La mirada al corazón, la mirada adentro es siempre ocasión para descubrir el obstáculo que me paraliza o el deseo auténtico que mi corazón lleva. Será siempre una mirada de conversión y de crecimiento pues supone un mirarse en verdad descubriéndose desde Otro que habita en mí y a quien pertenezco: "No ya yo, es Cristo quien vive en mí"(Ga 2,20), dirá san Pablo. Vivir desde dentro significa comprender el centro de todo para ordenar las cosas conforme a Él. ¿Hay bloqueos o cerrazones en mí mismo que me entristecen? ¡Ya las conozco para intentar poner solución! ¿Hay planes o proyectos que, por ser demasiado idealistas o por otra causa, no arrancan? ¡Los descubro para poner el primer peldaño concreto y posible!

El hombre que sabe mirarse en verdad comprendiéndose amado por Dios y llamado en cada circunstancia, el hombre de corazón profundo y sereno, hombre de guarda y reflexión, será capaz de leer bien los acontecimientos y de descubrir en cada persona el misterio que entraña.

Un buen ejemplo de corazón auténtico capaz de ver más es el de san Juan, el discípulo amado. De él dirá san Agustín que "veía más lejos porque amaba más y había conocido mejor el Corazón de Cristo". Se unen así, en pocas palabras, amor y verdad. El amor del hombre, pero antes aún el amor mismo de Dios al hombre y a la creación nace de una mirada buena, una mirada que hace ver el bien e impulsa a hacer el bien: "Vio Dios cuanto había hecho, y todo estaba muy bien" (Gn 1, 31).

El corazón que ve descubre en cada cosa ordinaria un amor extraordinario cargando de sentido lo pequeño e impidiendo, a la vez, quedarse atrapado en lo aparente como juguete de los vientos que nos llevan aquí y allá, arriba y abajo. "Descubrí el amor de Dios en cada cosa ordinaria. Desde entonces, todas las cosas son extraordinarias", decía santa Teresa de Lisieux.

Es la fe la que abre a nuestra mirada el auténtico destino. La fe en el amor de Dios que actúa, el Espíritu Santo vivo en mí, constituye un modo nuevo de acercarse a cada acción admirándose de la presencia activa de Dios en todo. La fe engendra admiración, mirar más hondo y más alto, más lejos y más cerca a la vez. Es clave, en la auténtica devoción al Corazón de Jesús, el "apostolado de la oración", ¡ofrecer por la mañana, con una oración sencilla pero muy honda, todas mis acciones cotidianas como expresión de unión con Cristo que pasa!: "Ven, Espíritu Santo, inflama nuestros corazones en las ansias redentoras del Corazón de Cristo para que ofrezcamos de veras nuestras personas y obras en unión con Él y por la Redención del mundo. Por el Corazón Inmaculado de María me consagro a Tu Corazón y me ofrezco contigo al Padre en tu Santo Sacrificio del altar: con mi oración y mi trabajo, sufrimientos y alegrías de hoy, en reparación de nuestros pecados y para que venga a nosotros tu Reino".

Reparación: "Por Cristo, con Él y en Él"

En la misma trama de las relaciones humanas, habéis de mostrar la caridad de Cristo y sus resultados concretos de amistad, de comprensión, de cariño humano, de paz. (San Josemaría Escrivá).

San Francisco de Asís recibió del Crucificado esta orden. "Sí, Francisco, repara mi Iglesia". Allá que se puso el santo a hacer cemento, a cargar piedras y maderas. Pero poco a poco, dando vueltas en el corazón, comprendió que el mensaje tenía otra hondura, otro calado. Manaba del Corazón Traspasado de Cristo como dirigido al corazón de su Esposa, la

Iglesia, de la cual Él era representante. Entendió san Francisco que la reparación que Cristo le pedía era la de unirse a su sacrificio en la Cruz para anunciar este misterio de vida Eterna a los hombres frente al poder destructivo del pecado y la desesperanza.

La llamada a *la reparación* es clave en una devoción centrada en la humanidad de Cristo, en su presencia de amor misericordioso que perdona al pecador. ¿En qué consiste? Esencialmente se trata de una llamada a los pecadores, que son todos los hombres, para que vuelvan al Señor tocados por su amor y le ofrezcan una fidelidad más viva en el futuro y una vida abrasada por la caridad. Si existe solidaridad en el pecado, también existe en la salvación: la ofrenda de cada uno se realiza para el bien de todos en la construcción de la civilización del amor. La actitud espiritual de reparación solo puede deberse a la acción de Cristo en cada persona, manifestada por el perdón y la comunión eucarística: acoger en su corazón el Corazón de Cristo y unirse en el sacrificio que solo él puede ofrecer dignamente al Padre.

La civilización del amor empieza en el Corazón

Así, con la verdadera reparación que pedía el Corazón del Salvador, sobre las ruinas que han acumulado el odio y la violencia,

podrá levantarse la tan deseada civilización del amor,
el Reino del Corazón de Cristo. (San Juan Pablo II, 5-X-1986).

La fuerza de la devoción al Corazón de Cristo mana hacia fuera e interpela a las propias estructuras del mundo: pide responder a la secularización, que aparta a Dios de la vida, para reparar, construir desde los cimientos de la Resurrección en carne de Cristo. "Un hombre o una sociedad que no reaccione ante las tribulaciones o injusticias y que no se esfuerce por aliviarlas, no son un hombre o una sociedad a la medida del amor del Corazón de Cristo"[42].

La unión con Cristo, si es verdadera y profunda, una unión cordial, conlleva aceptar a todo hombre en cuanto tal, no por su tener o poder, sino por lo que es. Se abre un mundo inmenso de posibilidades para trabajar en la construcción de la "civilización del amor". Allá, en Colonia, nos dijo el Papa: "Queridos chicos y chicas, el mundo espera vuestra contribución para la edificación de la *civilización del amor*. El horizonte del amor es realmente ilimitado: es el mundo entero"[43].

---

[42] San Josemaría Escrivá, *Es Cristo que pasa*, 167.
[43] Benedicto XVI, discurso del 29-III-2007.

Esta civilización del amor tan deseada por Juan Pablo II se construye desde el cambio de la actitud espiritual de cada individuo y de cada familia. ¡Individuo! Acoge con fuerza las actitudes del Corazón de Cristo para contribuir al robustecimiento de esta civilización que funda de modo invisible el resto de las civilizaciones. ¡Familia! Eres fundamental para edificar la civilización del amor: acoged la presencia del Corazón de Cristo confiándole vuestro hogar, ofreciendo cada evento, cada lucha, las esperanzas, sacando de Él fuerzas nuevas para un trato esponsal, paternal y fraternal generoso y fiel.

San Pablo comprendió que la principal tarea de todo apóstol es la de responder al deseo central que mana del Corazón de Cristo: "¡que todos sean Uno!". La actitud de un hijo de Dios no es resignarse, sino, en nombre del amor victorioso de Cristo que saca, de la muerte y del dolor, vida y esperanza, lanzarse por los caminos de la tierra sembrando unidad desde la paz y la alegría. "Hemos de luchar -lucha de paz- contra el mal, la injusticia y el pecado... para proclamar que el amor de Dios manifestado en el Corazón de Cristo alcanzará el glorioso triunfo espiritual de los hombres"[44].

---

[44] SAN JOSEMARÍA ESCRIVÁ, *Es Cristo que pasa*, 168.

Aprender a construir en la escuela del Corazón de Cristo

"Jóvenes, abríos a Aquel que os ha creado por amor y quiere hacer de vosotros personas dignas, libres y hermosas. Yo os aliento a tomar esta actitud de apertura confiada: aprended a escuchar en el silencio la voz de Dios, que habla en lo más íntimo de cada uno; poned bases sólidas y seguras en la construcción del edificio de vuestra vida; no tengáis miedo al compromiso y al sacrificio, que exigen hoy empeñar todas las fuerzas, pero que son garantía de éxito en el futuro. Así descubriréis la verdad sobre vosotros mismos y se abrirán incesantemente ante vosotros nuevos horizontes"[45].

Esta es una magnífica tarea, la tarea de una vida. Pero ¿cómo hacer?, ¿no experimentamos constantemente ese "hacer el mal que no quiero y no hacer el bien que quiero"? Conviene, ante todo, armarse de paciencia e ir paso a paso. Lo primero es el reconocimiento del don que supone el amor de la otra persona y la promesa de comunión que me abre: el Corazón de Cristo abierto en la cruz. Es en el sacrificio de la cruz, en el don de sí que Cristo realizó por la

---

[45] SAN JUAN PABLO II, discurso del 23-IX-2001.

entrega de su cuerpo, donde se nos revela el sentido último de lo que es el amor humano.

El Corazón de Cristo, por la acción del Espíritu Santo, se constituye en *schola amoris*, escuela de amor, en la que el Maestro nos enseña a dar el corazón. Él, desde su propia experiencia, descubre los secretos y las fuerzas del corazón y sostiene en la acción concreta, auténtica palestra indispensable para el aprendizaje del amor.

"Frente al Corazón de Cristo aprende el corazón del hombre a conocer el verdadero y único sentido de su vida y de su destino, a comprender el valor de una vida auténticamente cristiana, a preservarse de algunas perversiones del corazón humano y a unir el amor filial hacia Dios con el amor hacia el prójimo" [46].

Comprendiendo las fuerzas que disgregan al corazón, que lo llenan de discordia, las fuerzas de la concupiscencia (inclinación desordenada del hombre) que le inclinan al mal, es necesario acudir a Cristo como auténtico maestro capaz de responder a la desintegración del pecado. Al abrir su corazón, Cristo nos dona su mismo Espíritu. Se abre entonces la

---

[46] San Juan Pablo II, discurso del 5-X-1986

posibilidad de un aliento común que, participando de nuestra interioridad, nos vaya plasmando conforme a Su corazón.

El principio fundamental de esta civilización del amor reside en el corazón nuevo, en el corazón del creyente transformado desde la fuente de vida del Corazón de Cristo y participando de Él. El corazón no redimido es duro, violento, pasional, egoísta, sin visión ninguna que no sea centrada en su "yo", abocado a la desesperanza. El Espíritu va forjando en nosotros un corazón libre a hechura del Corazón de Cristo.

Reparación eucarística: adoración y comunión

Esta devoción del Corazón de Cristo, expresada sobre todo en la práctica de la hora santa, la confesión y la comunión de los primeros viernes de mes, ha servido para estimular a generaciones de cristianos a orar más y recibir con más frecuencia los sacramentos de la Penitencia y la Eucaristía. Estos son medios que es de desear sigan proponiéndose hoy también a los fieles.

La Eucaristía está presente desde el principio de este libro. El Corazón de Cristo expresa la hondura de la Eucaristía en su núcleo más profundo: ¡el amor de

Padre que permite al Hijo afrontar con confianza su entrega fiel a los hombres! Este amor extremo, la carne de Dios en estado continuo de humillación, es un escándalo. Frente al murmullo de protesta, Jesús habría podido retroceder con palabras tranquilizadoras: "Amigos -hubiera podido decir-, ¡no os preocupéis! He hablado de carne (corazón), pero es solo un símbolo. Lo que quiero decir es solo una profunda comunión de sentimientos". Pero Jesús no recurrió a estos endulzamientos.

Al adorar la Eucaristía nos situamos ante el misterio del Amor Encarnado de Dios. Se nos da el Corazón de Cristo no de un modo figurado, sino de un modo real, carnal, asimilado. Aprendemos a ser humildes y disponibles ante el misterio. ¡Caemos en la cuenta del Corazón abierto que se nos implanta en la Eucaristía -magna cirugía- como don y tarea para una amistad plena y así surge la gratitud! "Solo en la Adoración puede madurar una acogida profunda y verdadera. Y precisamente en este acto personal de encuentro con el Señor madura luego también la misión social contenida en la Eucaristía y que quiere romper las barreras no solo entre el Señor y nosotros, sino también y sobre todo las barreras que nos separan a los unos de los otros"[47].

---

[47] BENEDICTO XVI, *Sacramentum Caritatis*, 66.

Al comulgar se nos ofrece el Corazón de Cristo para vivir todo por Él, con Él y en Él. Nos hemos reconocido mutuamente en la Adoración y ahora ofrecemos nuestra vida para que Él disponga. Es una presencia dinámica, que nos hace suyos; el centro es Cristo que nos atrae hacia sí, nos hace salir de nosotros mismos para hacer de nosotros una sola cosa con Él, "La eucaristía nos adentra en el acto oblativo de Jesús. No recibimos solamente de modo pasivo el Logos encarnado, sino que nos implicamos en la dinámica de su entrega"[48]. Él está con nosotros; es más, desea compartir nuestro destino hasta ensimismarse con nosotros.

¿Cómo es posible esto? Por nuestra unión con Cristo: Él vive en nosotros y nosotros somos testigos en nuestro cuerpo de su presencia en la Iglesia. En cada Misa, Él nos asocia a su misterio de entrega sacrificial por los hombres. Luego se nos da en Comunión para transformarnos en Él y hacernos hombres según su Corazón. Podemos decir que nos da su corazón en el suyo generando un nuevo estilo vital, un nuevo deseo de plasmar en mis acciones concretas las acciones de Cristo. Nuestra vida debe ser una revelación visible que indique a los hombres el valor de las cosas y del mundo entero.

---

[48] BENEDICTO XVI, *Deus Caritas Est*, 14.

Reparar convirtiéndose cada día: examen y confesión

Convertirse, cuestión de cada día y de cada noche; es volver a descubrir el rostro de Dios, su Corazón, y en Él descubrir su misericordia, es decir, ese amor más poderoso que el pecado, más fuerte que la muerte. Jesucristo tiene Corazón de misericordia para abrazar nuestra miseria.

Pero el auténtico conocimiento de Dios, del Dios de la misericordia y del amor compasivo, lleva a recurrir a su Misericordia no solamente con un necesario acto interior y la confesión frecuente, sino también como una disposición estable, como un estado de ánimo. Quienes llegan a conocer de este modo a Dios, quienes lo ven así, no pueden vivir sino convirtiéndose sin cesar a Él. Viven, pues, *in statu conversionis* (estado de conversión) que expresa muy bien la componente más profunda de la peregrinación de todo hombre por la tierra en estado de caminante[49].

Por eso, la santidad es una disposición permanente del corazón, que nos hace pequeños y humildes en brazos de Dios nuestro Padre, conscientes de

---

[49] San Juan Pablo II, *Dives in misericordia*, 13.

nuestra debilidad, pero confiados hasta la audacia en su bondad de Padre[50].

¿Y cuándo aparece todo el peso de la miseria propia y ajena, cuando se hace patente la incapacidad y uno se dice: "con este material es imposible construir"? Surge entonces el perdón sacramental, la confesión como ese don que, traspasando las miserias y desajustes, permite construir desde una confianza restaurada de Dios en mí. El perdón se funda en la confianza y se aprende desde el reconocimiento humilde y el abandono.

Al ahondar en el Corazón de Cristo, comprendemos que tras el perdón vienen las determinaciones diarias. La oración de cada día y el examen de conciencia de cada noche abren un espacio privilegiado para situarse ante Jesucristo y preguntarse: ¿he vivido las acciones y las relaciones de hoy en la presencia de Dios, como parte de una historia de amistad con Él? Y vamos descubriendo nuestras esperanzas, las que Dios abre en cada acontecimiento cotidiano, y nuestros miedos, esos espacios en los que nos encerramos y Dios no puede entrar constituyéndose como nuestros mayores sufrimientos.

---

[50] Cf. Santa Teresita del Niño Jesús, *Últimas conversaciones*, 3-VIII-1987.

En la oración cotidiana volvemos a escuchar: "Soy Yo, no temáis". Este grito se transformó en la seña de identidad de Juan Pablo II (*"Non abbiate paura!"*). El miedo fue el gran problema en los años del comunismo y del nazismo y la peor de sus secuelas que dura hasta hoy. La gente tenía miedo y se encerraba en soledad. Surgían sospechas y recelos, y todo el mundo mentía ocultando sus verdaderos sentimientos y quereres. La sociedad occidental estaba rota atenazada por miedos pasados y futuros.

El Papa descubrió que lo único que vence al miedo es la solidaridad, la unión de corazones en la verdad y frente al odio que el sistema extiende. La solidaridad entre los hombres y la solidaridad de cada hombre con Jesucristo. Respondía así a esa dimensión profunda que bloquea los corazones y les impide amar plegándolos sobre sí mismos. Y su respuesta era: "¡Abrid las puertas a Cristo!".

Así, para el que ha comprendido el Corazón de Cristo y ha abierto las puertas de su intimidad, los miedos del corazón, el temor a perder o a sufrir, se van descubriendo como una tierra de conquista, una ocasión para crecer más en una dimensión concreta (aquella que genera el miedo) en la entrega y la confianza. "¿Acaso no tenemos todos, de algún modo, miedo -si dejamos entrar a Cristo totalmente dentro de nosotros, si nos abrimos totalmente a Él-, miedo de que pueda quitarnos algo de nuestra vida?... ¡No! Quien deja entrar a Cristo no pierde nada, nada -absolutamente nada- de lo que hace la vida libre, bella y grande. ¡No! Solo con esta amistad se abren las puertas de la vida. *Solo con esta amistad* se abren realmente las grandes potencialidades de la condición humana. Solo con esta amistad experimentamos lo que es bello y lo que nos libera"[51].

Desde la confianza en la acción de Dios en mí, el corazón aprende a dilatarse, a "dejar de mirarse mal" midiéndose desde los propios límites, a lanzarse mar adentro confiando en las fuerzas de Aquel que puso en él los deseos de eternidad para colmarlos.

Concluimos con María, la mujer llena de sabiduría porque su Corazón supo guardar activamente aquello que había contemplado intensamente. Centrada en el misterio de Jesucristo, María, Madre y Maestra, nos enseña qué es el amor y dónde tiene su origen y su fuerza: "¡aprended de Él!". A ella invocamos como buenos aprendices al final de este camino:

"Santa María, Madre de Dios, tú has dado al mundo la verdadera luz: Jesús, tu Hijo, el Hijo de

---

[51] BENEDICTO XVI, discurso del 18-VIII-2005.

Dios. Te has entregado por completo a la llamada de Dios y te has convertido así en fuente de la bondad que mana de Él. Muéstranos a Jesús. Guíanos a Él. Enséñanos a conocerlo y amarlo, para que también nosotros podamos llegar a ser capaces de un verdadero amor y ser fuentes de agua viva en medio de un mundo sediento"[52].

---

[52] BENEDICTO XVI, *Deus Caritas Est*, 42.

Letanías al Cor Iesu

Se proponen a continuación unas letanías al Corazón de Jesús, elaboradas por los Discípulos de los Corazones de Jesús y María, que podrán acompañar la oración ante la eucaristía. También pueden ayudar en días especiales, viernes y mes de junio, sin dejar de considerar que, para aquel que las memorice, se transformarán, sin duda, en plegaria permanente. Estas letanías quieren, siguiendo a San Juan Pablo II, ser "a la vez, oración de veneración y de diálogo auténtico. Hablamos en ellas del corazón, y al mismo tiempo, dejamos a los corazones hablar con este único Corazón… Esta oración, rezada y meditada, se convierte en una verdadera escuela del hombre interior: la escuela del cristiano" (Juan Pablo II, 27 de junio, 1982).

I.

Corazón de Jesús, alegre porque Dios se revela a los pequeños…¡**modela nuestros afectos!**

Tú, asombrado por la fe del centurión…

Tú, que miraste y amaste al joven rico…

Tú, lleno de celo por la casa de Dios…

Tú, conmovido ante el pecado de Jerusalén…

Tú, que lloraste la muerte de Lázaro…

Tú, que deseaste ardientemente darnos tu cuerpo…

Tú, que alabaste a María por seguir la voluntad de Dios…

II.

Corazón de Jesús, que te alimentas de la voluntad del Padre…¡**enséñanos a entregar la vida por los amigos!**

Tú, que rogaste por la fe de Pedro…

Tú, que mendigaste compañía en el Huerto…

Tú, que bebiste el cáliz de tu Padre…

Tú, que tomas sobre los hombros a la oveja perdida…

Tú, que esperas el Reino para todo buen ladrón…

Tú, que me amaste y te entregaste por mí…

Tú, que asociaste a María a tus sufrimientos…

III.

Corazón de Jesús, traspasado por la lanza...**¡haznos fuente de amor!**
Tú, de donde mana el bautismo que nos regenera...
Tú, que te repartes en la Eucaristía...
Tú, por cuya herida entró la mano de Tomás...
Tú, que preguntaste a Pedro tres veces si te amaba...
Tú, que estás a la puerta y llamas, para cenar con nosotros...
Tú, que me conoces y me llamas por mi nombre...
Tú, formado en el seno virginal de María...

IV.

Corazón de Jesús, enamorado de tu esposa la Iglesia...**¡haznos uno en tu amor!**
Tú, de donde extraen gratitud los hijos...
Tú, donde cultivan su fidelidad los esposos...
Tú, donde mana el perdón en las familias...
Tú, a quien siguen corporalmente los religiosos...
Tú, que nos regalas sacerdotes tuyos...
Tú, que haces de tus fieles un solo corazón...
Tú, que nos entregaste a tu Madre bajo la cruz...

Oración:

Oh, Padre, que en el Corazón de tu Hijo, formado en el seno de María, nos revelaste cuánto nos amas y nos hiciste capaces de responder a tu amor, haz que siga manando sobre nosotros el agua de su costado y que desde nosotros rebose como fuente de vida para muchos, por el mismo Jesucristo, nuestro Señor.

Últimos títulos publicados

(www.editorialdidaskalos.org)

Suscríbete en nuestra web para recibir las mejores promociones

Didaskalos Literatura

Didaskalos Infantil